KRÄUTER
gärtnern

BURKHARD BOHNE

KRÄUTER
gärtnern

KOSMOS

KRÄUTER-GÄRTNERN

Freuen Sie sich auf Ihren neuen Kräuter-garten! Damit alles gelingt, lernen Sie hier die wichtigsten Grundlagen des Gärt-nerns kennen: Gesunder Boden, Kom-posterde, ausreichend Wasser und Dünger sind für vitale Kräuter und eine reiche Ernte von großer Bedeutung.

Gleich kann es losgehen – mit Aussaat oder Pflanzung. Hier sehen Sie, welche Pflege Ihre Kräuterschätze in den Wo-chen danach oder während der kalten Jahreszeit brauchen, um Ihnen lange Freude zu bereiten, und wie Sie sie selbst vermehren können. Viel Spaß dabei!

DARAUF KOMMT ES AN, DAMIT ES GELINGT.

DAS IST *wirklich* WICHTIG

BILD UND BUTTON: Hier finden Sie alles, was zum Gelingen im Garten wirklich wichtig ist.

Kräutergärten duften, sind farbenprächtig und üppig – ein Genuss für alle Sinne. Als besonders stimmig erscheinen uns Kräuter im passenden Beet. Egal, ob der Garten historisch anmutet oder modern, ein Kräuterbeet gehört einfach dazu!

Entdecken Sie die Vielfalt der Kräuter, Gewürze und Aromen für Ihre Küche! Ob frisch oder getrocknet, für Tees, Kräutersalz, Soßen oder in Essig und Öl – Kräuter verfeinern jedes Gericht. Mit Grundrezepten zum Nachmachen.

KRÄUTER UND GÄRTNERN

Mein Leben

Kräuter sind unendlich spannend. Die Schönheit der Pflanzen, die unglaublichen Düfte und vor allem die vielfältigen Verwendungsmöglichkeiten machen Kräuter zu den heimlichen Stars in jedem Garten.

FASZINATION KRÄUTER

Für mich als Gärtner sind Kräuter die interessantesten Pflanzen überhaupt. Seit mehr als zwanzig Jahren beschäftige ich mich mit Kräutern, Kräutergärten und deren Geschichte. Und das Schönste dabei ist, das Interesse wird dabei nie weniger. Ganz im Gegenteil, je tiefer ich in die Thematik eindringe, umso spannender wird's. Und dabei sind Kräuter keineswegs nur ein Trend – Kräuter begleiten uns Menschen schon immer. Sei es in der Küche oder in der Heilkunde. Kräuter waren und sind einfach nicht wegzudenken.

KRÄUTER IM GARTEN

Früher wurden Kräuter ausschließlich in der Natur gesammelt. Die Menschen wussten, wo sie die gewünschten Kräuter finden konnten und wie diese zu verwenden waren. Das änderte sich ab dem Mittelalter, denn in den Klöstern wurden Kräuter erstmals in den Gärten angebaut. Heute profitieren wir stark von den Erfahrungen in den Klöstern, denn es ist schwerer denn je, die gewünschten Kräuter in unserer Kulturlandschaft zu finden. Für Kräuter gibt es auch in Ihrem Garten den richtigen Platz. Lernen Sie Ihren Garten kennen und haben Sie keine Scheu vor dem Anbau von Kräutern. Mit einfachen Mitteln und ein wenig Geduld werden auch Sie ein guter Kräutergärtner. Begleiten Sie mich durch dieses wunderschöne Buch und schon kann es losgehen. Lassen Sie sich inspirieren und ich bin sicher, dieses Thema lässt auch Sie schon bald nicht mehr los.

DANKE SCHÖN!

Hier ist der richtige Platz für meinen aufrichtigen Dank! Ich danke allen, die an diesem Buch beteiligt waren. Vor allem Carolin Küßner vom Franckh-Kosmos Verlag, die mich wie immer schnell von dem neuen Buchprojekt überzeugte. Ganz, ganz wichtig ist natürlich auch die Kunst der Fotografin Kerstin Mumm. Wir hatten viel Freude an der Arbeit und die schönen Bilder treffen den Nerv des Themas immer haargenau. Danke auch an alle Gärten, in denen wir fotografieren durften, und ein besonderes Dankeschön gilt meiner Familie, die das Projekt wie immer wohlwollend begleitete, indem sie mir genügend Zeit für die zusätzliche Arbeit schenkte.

Burkhard Bohne

ERSTE SCHRITTE

Für einen guten Start

FREUEN SIE SICH AUF IHREN NEUEN KRÄUTERGARTEN! DAMIT ALLES GELINGT, LERNEN SIE HIER DIE WICHTIGSTEN GRUNDLAGEN DES GÄRTNERNS KENNEN: GESUNDER BODEN, KOMPOSTERDE, AUSREICHEND WASSER UND DÜNGER SIND FÜR VITALE KRÄUTER UND EINE REICHE ERNTE VON GROSSER BEDEUTUNG.

WAS KRÄUTERGÄRTNER BRAUCHEN
Lust auf Kräuter

Es ist nicht schwer, ein guter Kräutergärtner zu werden. Alles, was man dazu braucht, sind der passende Standort, guter Boden, ausreichend Wasser und die eigene Bereitschaft, die Bedürfnisse der verschiedenen Pflanzen kennenzulernen und entsprechend zu handeln.

DER RICHTIGE PLATZ FÜR JEDES KRAUT

Kräuter haben zum Teil sehr unterschiedliche Ansprüche an Standort und Boden, aber auch an Feuchtigkeit. Zahlreiche einheimische Kräuter wie Kümmel, Schafgarbe oder auch die Malve mögen nahrhafte Böden in sonniger Lage, andere wie Bärlauch, Liebstöckel oder Minzen kommen auch mit Halbschatten zurecht und mögen es eher feucht. Die aromatischen Kräuter des Mittelmeers wie Thymian, Salbei oder Lavendel lieben viel Sonne und brauchen einen durchlässigen, nicht ganz so nährstoffreichen Boden. Außerdem gibt es noch die Gruppe der bei uns nicht winterfesten Kräuter – sie werden am besten im Topf gehalten und benötigen ein geeignetes Winterquartier.

Sie ahnen es sicher schon: Einen einzigen richtigen Standort für alle Kräuter gibt es nicht! Kennt man jedoch die Bedürfnisse seiner Pflanzen, kann man leicht den besten Standort für sie im eigenen Garten finden. Damit ist schon die wichtigste Grundlage für das Wachstum von gesunden Kräutern geschaffen.

Allgemein gilt: Die meisten Kräuter sind sehr dankbar für viel Sonne und Wärme. Ein nahezu idealer Standort ist folglich die Südwand des Hauses oder einer Mauer. Vor Wind- oder Frostschäden schützen zusätzlich Hecken. Einige wenige Kräuter bevorzugen halbschattige oder schattige Plätze – sie wachsen am besten an Säumen von Hecken oder unter Bäumen. Topf- oder Kübelkräuter sind auf der Süd- oder Westterrasse bestens aufgehoben und – besonders wichtig – benötigen fast immer ein helles und frostfreies Winterquartier.

DER PASSENDE BODEN

Genauso unterschiedlich wie die Standortansprüche der verschiedenen Kräuter sind auch ihre Ansprüche an den Boden. Grundsätzlich gilt: Die Gruppe der mediterranen Kräuter braucht einen sehr durchlässigen und mageren Boden, ihr größter Feind ist die Staunässe. Die Vielzahl unserer einheimischen Kräuter dagegen mag nahrhafte Böden, die ausreichend Nährstoffe und Feuchtigkeit halten können. Topfpflanzen und Kübel sollten mit der bestmöglichen Erde versorgt werden, denn sie haben den kleinsten Wurzelraum und bleiben oft über Jahre im selben Topf.

DIE LIEBE ZEIT

Auch wenn die Saison nicht immer sehr lang ist, benötigen Kräuterkulturen dennoch ein gutes Maß an Zeit. Egal ob Pflanzenanzucht, Pflege oder der richtige Erntezeitpunkt, Wachstum und Wirkung der Kräuter hängen entscheidend vom richtigen Zeitpunkt der Gärtnerarbeiten ab. Planen Sie daher im Frühjahr und Sommer ein wenig mehr Zeit für Ihren Kräutergarten ein. Der Dank dafür sind gesunde Pflanzen, schöne Blüten, interessante Düfte und reiche Ernten.

Der Arbeitsschwerpunkt im Garten liegt natürlich im Frühjahr: Bodenvorbereitung und Pflanzenanzucht stehen an. Ab Mitte Mai, wenn die Kräuter alle in ihre Beete gesetzt wurden, geht es um die richtige Pflege: Gießen, Düngen und die Bekämpfung von Wildkräutern wollen regelmäßig erledigt werden. Und besonders wichtig ist die Ernte. Blätter, Blüten, Früchte und Wurzeln werden zu sehr unterschiedlichen Zeiten geerntet und auch verwendet. Mein Tipp: Die geschickte Pflanzenauswahl und eine gute Zeitplanung erhöhen die Freude am Garten und bringen eine gute Ernte.

DIE GRUNDAUSSTATTUNG

Damit macht die Arbeit Spaß

Das richtige Gartengerät hilft bei der Arbeit und erhält uns die Freude daran. Es ist nicht notwendig, dass Sie jedes Gartengerät kaufen, testen Sie es lieber bei Freunden und Nachbarn und schaffen Sie dann die richtigen Geräte für Ihren Bedarf an.

[1.]

[2.]

GERÄTE FÜR DEN BODEN

Wichtigste Grundlage für ein gesundes Pflanzenwachstum ist ein guter Boden. Und das Schönste ist, dass Böden durch die richtige Bearbeitung immer besser werden. Neben Wässern, Mulchen und Düngen hilft regelmäßiges Hacken. Besonders wichtig sind die richtige Bodenbearbeitung im Frühjahr und natürlich die Bekämpfung von Wildkräutern.

Eines der im Garten meistgebrauchten Geräte ist der Spaten. Er wird vielseitig eingesetzt und sollte daher nicht zu schwer und trotzdem stabil sein.

Zum Umgraben und Ausheben von Pflanzlöchern ist ein Grabespaten [→ 1.] gut geeignet. Er ist aus einem Stück geschmiedet, besonders gerade geformt und daher optimal zum Stechen in den Boden geeignet. Ein guter Grabespaten hat einen stabilen Eschenholzstiel mit einem t-förmigen Griff. Zum Ausgraben von Sträuchern und Bäumen ist der Rodespaten besser geeignet. Stabile Rodespaten gibt es in mittelschwerer bis schwerer Ausführung mit Holzstielen oder auch komplett aus Stahl. Leichte, sandige Böden müssen nicht unbe-

dingt umgegraben werden. Zur tiefen und schonenden Lockerung dieser Böden reicht meist der Sauzahn [→ 2.]. Der Sauzahn ist ein einfach geschmiedeter Haken, der an einem Holzgriff tief durch den Boden gezogen wird. Ebenfalls zur Grundausstattung gehören Schaufel und Grabegabel [→ 3.]. Schaufeln werden zum Verteilen von Erde und Sand benötigt und die Grabegabel zum Umsetzen von Kompost. Auch eine Transportkarre sollten Sie besorgen, wählen Sie am besten gleich eine stabile Ausführung. Mein Tipp: Es gibt inzwischen Karren mit unkaputtbaren Reifen.

Zur fachgerechten Bodenbearbeitung darf natürlich die Harke nicht fehlen. Sie dient dazu, die Beete glatt zu ziehen und sorgt dabei für eine krümelige Bodenstruktur. Sind die Beete bepflanzt, muss der Boden von Wildkräutern frei gehalten werden. Leichte Böden können Sie gut hacken, bei schwereren wird der dreizackige Kultivator eingesetzt. Beim Einsatz dieser Geräte wird das Wachstum der Wildkräuter unterbrochen und gleichzeitig wird die Bodenoberfläche aufgerissen. Durch regelmäßiges Hacken bleibt mehr Wasser im Boden und steht so den Pflanzen zur Verfügung.

KLEINGERÄTE – DAS A UND O IM KRÄUTERGARTEN

Zum Pflanzen von Kräutern sind Handschaufeln [→ 4.] bestens geeignet. Sie sind aus Stahl oder Edelstahl geschmiedet und haben meist einen Holzgriff. Handschaufeln gibt es in verschiedenen Größen – suchen Sie sich am besten die für Sie geeignete aus.

Stecklinge, Rückschnitt und Ernte – ohne Gartenschere [→ 5.] geht es nicht. Bitte seien Sie bei der Auswahl der Gartenschere besonders achtsam. Sie muss gut in der Hand liegen, sollte immer scharf, leicht gängig und von hoher Qualität sein. Einfache Messer [→ 6.] werden zum Schneiden von Blüten und Früchten benötigt und helfen beim Jäten, hochwertige Spezialmesser gibt es für Stecklinge und auch zum Veredeln.

SO KOMMT DAS WASSER AN DIE PFLANZEN

Wasser ist für unsere Kräuter neben Licht und Boden von großer Bedeutung. Egal ob für Aussaaten, Jungpflanzen oder während des Wachstums, es muss häufig gewässert werden, denn auf ausreichende Regenmengen ist nicht immer Verlass.

Zum Auffangen und Sammeln von temperiertem Regenwasser – die Pflanzen lieben es! – sind Regentonnen gut geeignet. Beugen Sie übermäßigem Algenwuchs vor, indem Sie die Tonne immer gut abdecken. Zum Ausbringen von Regenwasser ist die gute alte Gießkanne [→ 7.] das Beste: Wählen Sie eine Kanne mit einem abnehmbaren Brausekopf.

Ist Regenwasser knapp oder schlicht nicht vorhanden, müssen Sie mit Leitungswasser gießen. Zum Verteilen des Wassers sind Schlauch, Schlauchwagen, Gießgerät und Regner eine sinnvolle Investition. Achten Sie beim Kauf darauf, dass alle Teile hochwertig und gut kombinierbar sind.

Bitte lassen Sie im Winter nichts draußen liegen. Zum Schutz vor Frost entleeren Sie bitte Tonnen, Kannen und Schläuche, so haben Sie im nächsten Sommer wieder ungetrübte Freude daran.

EIN WENIG PFLEGE MUSS SEIN

Das beste Gartengerät nützt nichts, wenn es verschmutzt ist oder Sie es erst gar nicht finden. Gartengeräte sollten nach jedem Einsatz gut gepflegt werden. Entfernen Sie nach jeder Nutzung Reste von Erde und ölen Sie die Geräte ein wenig ein, wenn Sie sie für längere Zeit nicht brauchen. Scheren und Messer sollten immer scharf und sauber sein, so geht die Arbeit gut von der Hand und die Pflanzen vertragen den Schnitt besser. Um der Verbreitung von Krankheiten von Anfang an Einhalt zu gebieten, sollten Scheren und Messer öfter gewaschen und gelegentlich desinfiziert werden, besonders wenn Sie erkrankte Pflanzen damit geschnitten haben.

Die beste Aufbewahrungsstätte für alle Gartengeräte ist ein Schuppen im Garten. So ist immer alles dort, wo es benötigt wird. Langstielige Geräte werden an Haken aufgehängt und für Kleingeräte sind Regale das richtige Lager. Ein gut geordneter Geräteschuppen macht Freude, spart Nerven und erleichtert Ihnen zusätzlich die Arbeit.

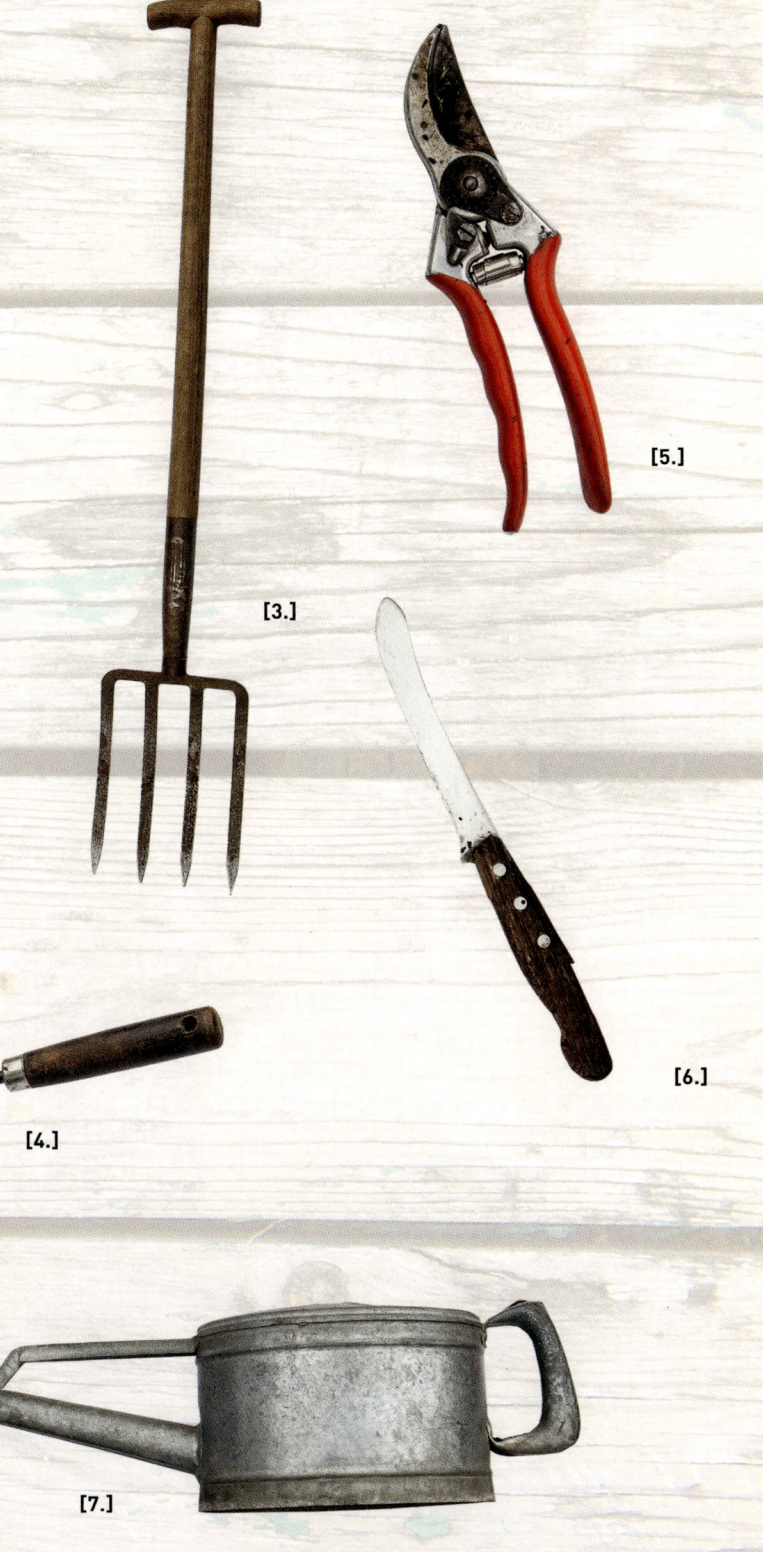

[5.]

[3.]

[6.]

[4.]

[7.]

DAS IST
wirklich
WICHTIG

[a] GRABEN SIE ZUERST ein etwa 30 cm tiefes Loch aus und lockern Sie den Boden darunter etwas. Anschließend wird etwas Erde aus dem Loch gehoben und auf dem Beet abgeschüttet. Die frisch ausgehobene Erde wird mit Wasser übergossen, bis sie gut feucht ist. Schon jetzt ist erkennbar, ob der Boden leicht ist oder schwer.

[b] ERDE UND WASSER werden mit den Händen gut durchgeknetet, bis eine breiige Masse entsteht. Falls nötig, wird noch etwas mehr Wasser hinzugefügt.

[c] LEHMIG ODER SANDIG? Jetzt ist gut zu erkennen, ob der Klumpen stabil bleibt oder zerfällt. Bei lehmigen Böden ist er schön klebrig und bei sandigen zerfällt er sehr schnell.

[d] MANCHMAL KOMMT ES VOR, dass in einem Garten unterschiedliche Bodentypen zu finden sind. Da bietet es sich an, unterschiedliche Beete einzeln zu untersuchen.

FEUCHTE ERDE GRÜNDLICH VERMISCHEN!

[a]

[b]

[c]

[d]

UNSER BODEN

Eine erste Einschätzung

Für das gesunde Kräuterwachstum ist der richtige Boden von besonderer Bedeutung. Eine erste Einschätzung von Bodenart, Nährstoffgehalt und Säuregrad geben Zeigerpflanzen oder auch einfache Maßnahmen wie die Handprobe.

BODEN IST NICHT GLEICH BODEN

Kräuter benötigen für ein gesundes Wachstum Licht, Luft, Wasser, Nährstoffe und ausreichend Wärme – und zwar von allem das richtige Maß. Einige Kräuter brauchen einen Platz in der prallen Sonne, andere benötigen Halbschatten, zu viel Wasser hemmt das Wachstum genauso wie zu wenig und auch die Nährstoffversorgung sollte optimal sein. Zu wenige Nährstoffe führen zu Zwergwuchs und zu viele mindern die Qualität. Über das richtige Maß an Licht und Wärme entscheidet der Standort im Garten, Wasser- und Nährstoffversorgung haben dagegen immer unmittelbar mit dem Boden zu tun. Er hat großen Einfluss auf das Wachstum von Pflanzen, indem er Wasser, Sauerstoff und Nährstoffe speichert und sie für Pflanzen verfügbar hält. Für das gesunde Wachstum von fast allen Kräutern sind durchlässige, mittel-nährstoffreiche Böden ideal. Der Kräutergärtner sollte daher seinen Boden gut kennen und ihn bei Bedarf aufarbeiten. Eine intensive Bodenpflege verbessert alle Böden und ist daher besonders wichtig.

DIE HANDPROBE

Als Erstes gilt es, schwere, leichte und optimale Böden zu erkennen, um zu entscheiden, welche Kräuter wo gepflanzt werden können und wie der Boden verbessert werden kann. Für die erste Einschätzung des Bodens reicht die einfache Handprobe. Dazu wird an verschiedenen Stellen des Kräuter-beetes etwa 30 cm tief Erde ausgehoben und der Aushub untersucht. Vermischen Sie die ausgehobene Erde mit etwas Wasser [→ a] und kneten Sie sie [→ b]. Ist die Erde locker oder klebrig? Lässt sich die Erde zu einem stabilen Klumpen kneten, haben Sie es mit einem schweren, fetten Boden zu tun. Oder zerfällt der Klumpen wie Sand? Dann ist der Boden mager. Liegt Ihre Probe in der Mitte von beidem, können Sie sich glücklich schätzen, dann handelt es sich um sandigen Lehm. Das wäre optimal.

Durch dieses einfache Verfahren der Handprobe erhalten Sie einen ersten Anhaltspunkt für die Auswahl von Kräutern. Mehr zu den Bodenarten und wie Sie schlechte Böden verbessern können, lesen Sie auf der nächsten Seite.

ZEIGERPFLANZEN GEBEN AUSKUNFT

Für die erste Einschätzung des Bodens reicht oft auch schon ein Blick auf die natürliche Vegetation. Sogenannte Zeigerpflanzen für nährstoffreiche Böden sind zum Beispiel die Brennnessel [→ 1.], Kerbel, Melde oder auch Giersch [→ 2.]. Wilde Möhre [→ 3.], und Mauerpfeffer zeugen von nährstoffarmen Böden – und Staunässe wird vor allem durch Acker-Schachtelhalm [→ 4.] angezeigt. Breitwegerich [→ 5.] und Quecke wachsen auf verdichteten Böden, und Sauerampfer oder Hundskamille [→ 6.] deuten auf saure Böden.

[1.]

[2.]

[3.]

[4.]

[5.]

[6.]

DAS IST
wirklich
WICHTIG

[a]

ERDE GRÜNDLICH ENTFERNEN UND VERMISCHEN.

[c]

[b]

[d]

[e]

[a] DAS BRAUCHEN SIE: Für die Entnahme einer Bodenprobe benötigen Sie einen Blumentopf, einen Handprobennehmer oder ein Stahlrohr, das im unteren Bereich nicht komplett zu ist, einen breiten Schraubenzieher zum Abstreifen der Erde und ein Plastiktütchen. Ist kein Stahlrohr verfügbar, können Sie auch mit einem Spaten Löcher graben und die Bodenproben mit einem Esslöffel entnehmen.

[b] AN VERSCHIEDENEN STELLEN des Beetes wird aus etwa 30 cm Tiefe etwas Erde entnommen und später gut durchgemischt. Eine Probe pro Quadratmeter Beet ist empfehlenswert.

[c] DIE FÜR DIE BODENPROBE benötigte Erde klebt portionsgerecht in der Spitze des Stahlrohres und muss nach jeder Bohrung entfernt werden.

[d] DIE ERDE WIRD MIT DEM FINGER oder mit einem Schraubenzieher aus der Spitze des Stahlrohrs entfernt, in einem Blumentopf gesammelt, vermischt und später in die Tüte gefüllt.

[e] IST DIE TÜTE VOLL, wird sie in den dem Bodenprobenpaket beiliegenden Umschlag verpackt und an ein Untersuchungsinstitut geschickt. Nach spätestens vierzehn Tagen ist mit dem Ergebnis zu rechnen.

KRÄUTER FÜR JEDEN BODEN
Gründlich getestet

Welches Kraut gehört auf welchen Boden? Diese Frage ist von zentraler Bedeutung. Durch die geschickte Auswahl der Pflanzen und gute Bodenpflege kann fast jeder Garten zum Kräuterparadies werden.

EINE BODENPROBE HILFT WEITER

Nur wenn Sie den Nährstoffgehalt des Bodens eindeutig bestimmen, können Sie ihn gegebenenfalls regulieren. Sinnvoll ist eine Bodenuntersuchung im zeitigen Frühjahr, sie gibt uns wertvolle Düngetipps. Bodenuntersuchungen gibt es auch im Komplettpaket im Fachhandel.

Wenn Sie Kräuter mit verschiedenen Bodenansprüchen anpflanzen möchten, macht es Sinn, Bodenproben von den verschiedenen Standorten zu nehmen und entsprechend der Empfehlungen unterschiedlich zu reagieren. Sollte Ihr Gartenboden für den Kräuteranbau extrem ungeeignet sein, können Hochbeete oder eine Kräuterspirale Abhilfe schaffen.

DIE BODENARTEN

Schwere, fette Böden sind für die wenigsten Kräuter gut geeignet. Sie sind kalt, oft verdichtet und neigen zu Staunässe. Nicht gerade ideal für ein gesundes Wurzelwachstum. Um schwere Böden nachhaltig zu verbessern, muss Luft in die Erde und viel Humus. Dazu wird der Boden regelmäßig tiefgründig umgegraben und mit Sand aufgelockert. Gründüngung, regelmäßige Gaben von Kompost und ständiges Mulchen verbessern den Boden im Laufe der Jahre nachhaltig.

Magere Sandböden sind besser. Sie erwärmen sich schnell und überschüssiges Wasser kann gut abfließen, allerdings auch die Nährstoffe. Wasser und Nährstoffe müssen daher ständig zugeführt werden. Gründünger, Mulch und die regelmäßige Versorgung mit Tonmehl und Kompost verbessern den Boden. Ist er zu sandig, hilft das Beimengen von Lehm.

Sandiger Lehm ist für die meisten Kräuter ideal. Der dunkle Humus ist locker und zerfällt zwischen den Fingern. Die Nährstoffversorgung ist meist ausgeglichen und die Wasserverteilung ideal. Es muss wenig gewässert werden und zur Ernährung der Pflanzen genügen regelmäßige Gaben von Kompost.

DIE PASSENDEN PFLANZEN FÜR MEINEN BODEN

Bodenbeschaffenheit	Kräuter, die sich hier wohlfühlen
feucht bis frisch, nährstoffreich, humos	Alant, Bärlauch, Baldrian, Basilikum, Beinwell, Borretsch, Brunnenkresse, Dill, Engelwurz, Frauenmantel, Frucht-Salbei, Kapuzinerkresse, Kerbel, Kresse, Kümmel, Liebstöckel, Majoran, Melisse, Minzen, Monarden, Petersilie, Pimpinelle, Ringelblume, Schafgarbe, Schnittlauch, Senf, Taubnessel, Waldmeister, Ysop
leicht, trocken, nährstoffarm, kalkhaltig	Andorn, Bohnenkraut, Estragon, Fenchel, Heiligenkraut, Johanniskraut, Kamille, Lavendel, Oregano, Rosmarin, Garten-Salbei, Thymian, Weinraute, Wermut
sauer	Arnika, Sauerampfer

[a]

[b]

[c]

[d]

DAS IST *wirklich* WICHTIG

[a] REGELMÄSSIGES UMGRABEN ist bei schweren Böden erforderlich – sie verdichten sonst schnell. So kommen Bodenverbesserer wie Kompost, Mist, Gründünger oder Sand und auch viel Luft in die unteren Bodenschichten. Umgegraben wird möglichst im Herbst, spätestens aber im Frühjahr.

[b] FÜR DIE BEARBEITUNG LEICHTER BÖDEN ist der Sauzahn besser geeignet. Er lockert den Boden tief, ohne die Bodenschichten zu wenden. So werden die Bodenorganismen am wenigsten gestört.

[c] BEIM BEARBEITEN DES BODENS wird immer auch „aufgeräumt". Altes Wurzelwerk und Steine kommen an die Oberfläche und werden eingesammelt.

SAND GUT MIT DEM OBERBODEN VERMISCHEN.

[e]

[d] GESIEBTER KOMPOST ODER GUT VERROTTETER MIST können vor dem Umgraben mit dem Spaten oder der Bodenbearbeitung mit dem Sauzahn gleichmäßig auf dem Boden verteilt werden.

[e] AUF SEHR SCHWEREN BÖDEN wird vor dem Umgraben neben Kompost vor allem auch Sand verteilt. Beim Umgraben wird der Sand gut mit dem Oberboden vermischt und sorgt so für die nachhaltige Steigerung der Bodenqualität.

BODEN VORBEREITEN

Darauf kommt es an

Das Wichtigste im Garten ist ein gesunder und lebendiger Boden.
Und Sie können viel für seine Entwicklung tun. Dank einer guten
Bodenpflege gibt es in jedem Jahr eine reiche Ernte und der Boden
wird dabei auch noch nachhaltig verbessert.

SCHWERE BÖDEN UMGRABEN

Besonders schwere Böden neigen zum Verdichten und sollten
daher regelmäßig gelockert werden. Besonders wirksam ist
das Umgraben [→ a], denn dabei gelangt viel Sauerstoff in tiefere Schichten des Bodens. So wird das Bodenleben aktiviert
und der Boden wird humoser. Die Beete werden am besten im
Herbst umgegraben und bleiben über Winter brachliegen.
Wird es dann frostig, zerfallen die Erdschollen und der Boden
wird schön krümelig.

SAUZAHN FÜR LEICHTE BÖDEN

Besonders im Bioanbau kommt der Sauzahn zu Ehren. Wirklich sinnvoll ist seine Anwendung allerdings nur auf eher
leichten Böden. Der Sauzahn ist ein großer Haken am langen
Stiel, der beim Ziehen in die Erde eindringt und diese tief
lockert. Er wird kreuz und quer und auch diagonal durch den
Boden gezogen [→ b], so gelangt viel Luft in die unteren Bodenschichten und die Pflanzenwurzeln haben es später leichter.

HACKEN UND HARKEN

Vor dem Säen und Pflanzen wird die Erde fein geharkt. So wird
die Erdoberfläche noch einmal aufgerissen und größere Erd-
brocken werden zerkleinert. Es entstehen feine Saat- und
Pflanzbeete, auf denen sich die Kräuterkulturen richtig wohl-
fühlen können. Das Harken und später auch Hacken ist wichtig, um keimende Wildkräuter am Wachstum zu hindern und
auch Wasser zu sparen. Bei aufgelockerter Erdoberfläche
kann nicht mehr so viel Wasser aus tieferen Bodenschichten
verdunsten und steht damit den Pflanzen zur Verfügung.

BODENVERBESSERER NR. 1

Böden werden durch die regelmäßige Bearbeitung ständig
optimiert. Noch besser werden sie durch regelmäßige
Kompostgaben. So wird das Bodenleben aktiv gehalten und
zersetzt Kompost zu Nährstoffen. Schwere Böden werden zusätzlich durch Gaben von Sand aufbereitet [→ e]. Die Erde wird
krümeliger und kann mehr Sauerstoff speichern. So geht es
den Pflanzen besser und der Boden wird nachhaltig verbessert.

GRÜNDÜNGER, WO IMMER ES GEHT! Um der Bodenerosion durch Wasser und Wind entgegenzuwirken,
sollten freie Gartenbeete nicht allzu lange brachliegen. Zur Überbrückung von Brachezeiten helfen
Gründüngerpflanzen wie Phacelia oder Senf – die Aussaat lohnt sich schon für kurze Zeit. So bleibt das
Bodenleben aktiv, der Wasserhaushalt ist gut reguliert und dem Boden wird organische Masse zugefügt.
Auf diese Weise nimmt die Fruchtbarkeit des Bodens weiter zu.

KOMPOST

Das schwarze Gold des Gärtners

Kompost steht für die Kreisläufe in der Natur. Und nicht nur das: Kompost ist ein idealer Dünger und verbessert den Boden. Gut gemacht und regelmäßig ausgebracht, leistet Kompost einen großen Beitrag zum Wachstum von Pflanzen und zur Gesundheit der Böden.

NACHHALTIGKEIT IM GARTEN ...

... ist das A und O. Ein gesunder Garten entsteht über Jahre und erfordert etwas Geduld. Die einfachste Grundregel ist: Viel für den Boden tun und dem Garten nicht mehr entnehmen, als wir ihm später zurückgeben können. Wer immer nur sät, pflanzt und erntet, muss über kurz oder lang zuschauen, wie die Fruchtbarkeit des Bodens abnimmt. Unser Ziel ist es, Kräuter anzubauen, sie zu ernten und gleichzeitig die Fruchtbarkeit des Bodens zu erhalten.

DIE NATUR ALS VORBILD

Wenn wir mit geöffneten Augen durch die Landschaft gehen, verstehen wir das Entstehen und Vergehen in der Pflanzenwelt sehr schnell. Egal ob in Wäldern oder auf Wiesen, fallende Blätter und abgestorbene Pflanzenteile verrotten, verbessern den Boden und ernähren die Pflanzen im nächsten Jahr. Was liegt also näher, als es der Natur nachzumachen und gesunde Kreisläufe im Garten zu installieren? Wenn wir in der Natur genau schauen, gibt es fast nirgends freiliegende Erde und das hat einen guten Grund. Verrottendes Laub oder auch eine geschlossene Pflanzendecke wirken ausgleichend auf den Boden und verhindern Erosion. Temperaturschwankungen werden abgefedert, der Wasserhaushalt ist ausgeglichener und das Bodenleben aktiv. Es entsteht Humus, dieser wird zu Nährstoffen umgewandelt und die Pflanzen können gesund wachsen. So sind unsere Böden in Abertausenden von Jahren gewachsen und verdienen unsere gute Pflege.

GUT GESCHÜTZT

Das Beste für unseren Gartenboden ist es, wenn er immer eine geschlossene Pflanzendecke trägt. Natürlich ist das im Kräuteranbau nicht immer möglich, doch da helfen uralte Tricks. Mulchen, Gründünger und das Ausbringen von Mist sind sehr gute Maßnahmen, doch die beste ist das Ausbringen von Kompost. Kompostieren ist günstig, einfach und dennoch genial. Es erfordert lediglich einen geeigneten Platz im Garten und auch etwas Organisation.

Gesunde Garten- und auch Küchenabfälle werden sortiert und auf einem Haufen gestapelt. Sie verrotten dank der Aktivität vieler Mikroorganismen zu Humus. Dieser Humus wird später im Garten ausgebracht und ernährt unsere Pflanzen. Wichtig ist zu verstehen, dass dieses Verfahren keine Feuerwehrmaßnahme bei Nährstoffmangel ist. Zur Entfaltung seiner genialen Wirkung benötigt Kompost eine gewisse Regelmäßigkeit in der Anwendung und auch etwas Zeit. Gut verrotteter Kompost wird am besten im Herbst oder Frühjahr im Garten ausgebracht und ergibt so eine perfekte Schutzschicht für den Boden. Unter der Schutzschicht ist es etwas wärmer und feucht, ideale Bedingungen für das Bodenleben. Ein aktives Bodenleben lockert den Boden, zersetzt Kompost zu Humus und Humus zu Nährstoffen für die Pflanzen. Diese wiederum bekommen genau die Nährstoffe, die sie brauchen, danken es durch ein gesundes Wachstum und wir haben eine gute Ernte. Sie sehen, die Mühe lohnt sich immer, und seien Sie sicher, regelmäßig ausgebrachter Kompost verbessert Ihren Boden nachhaltig.

FÜR EINE BESSERE QUALITÄT: Regelmäßige Gesteinsmehlgaben versorgen die Mikroorganismen im Komposthaufen mit Mineralien und Spurenelementen und unterstützen die Verdauungsprozesse.

DER REIFE KOMPOST ist des Gärtners Gold. Wurde alles richtig gemacht, liefert ein guter Kompost Humus und Nährstoffe für die kommende Saison. Kompost besteht aus Pflanzenresten, die gut sortiert und aufgeschichtet sein wollen. Alle Pflanzenreste, die auf dem Kompost landen, müssen gesund und dürfen nicht allzu verholzt sein. Beim Aufschichten des Komposthaufens wird immer einmal wieder eine Schaufel reife Komposterde hinzugegeben. Im Laufe mehrerer Monate reift dann der neue Kompost heran. Ist er nach etwa neun Monaten gut verrottet, wird er gesiebt und im Garten ausgebracht. So entsteht neuer Humus und unsere Kräuter werden bestens ernährt.

DAS IST
wirklich
WICHTIG

[a] **ZAHLREICHE GARTEN- UND KÜCHENABFÄLLE**
dürfen auf den Kompost. Sie werden zunächst gesammelt
und später gut aufgeschichtet, denn ein gut durchmischter
Komposthaufen reift schneller und kann bald im Garten
ausgebracht werden.

[b] **REIFEN KOMPOST** erkennen Sie an der krümeligen Struktur. Die aufgeschichteten Pflanzenteile sind zu Humus verrottet. Der Kompost muss während der Rotte möglichst einmal heiß gewesen sein. Nur so werden Krankheitserreger und Samen von Wildkräutern wirklich vernichtet.

[c] **BESONDERS WICHTIG** ist die gute Schichtung. Nach ganz unten kommen Reisig und Laub, darüber krautige Pflanzenteile und Küchenabfälle. Zur Beschleunigung der Rotte wird etwas Kalk und gelegentlich eine Schaufel reifer Kompost hinzugegeben.

KOMPOST ANLEGEN

Schritt für Schritt

Erst mit Komposterde ist ein Garten perfekt. Für ein gutes Gelingen ist einiges zu beachten: Der richtige Platz und gut zerkleinertes, gemischtes Pflanzenmaterial machen jeden Komposthaufen zu einem wirklichen Schatz im Garten.

DER KOMPOSTHAUFEN – WO UND WIE?

Gärtnern ist nichts für Ungeduldige und auch der Kompost braucht zum Reifen seine Zeit. Sicher, es gibt zahlreiche Schnellkomposter und so mancher Gärtner schwört auf das häufige Umsetzen des Komposthaufens zur Beschleunigung der Rotte, aber ganz ehrlich, das Beste ist die gute alte Kompostkiste. Suchen Sie sich einen Platz im Garten im Halbschatten von Bäumen und stellen Sie dort zwei Kompostkisten auf. In der einen werden zunächst Garten- und Küchenabfälle gesammelt und in der zweiten reift der Kompost der letzten Saison.

WAS DARF AUF DEN KOMPOST?

Gut geeignet sind Gartenabfälle, zum Beispiel klein geschnittenes Strauchwerk, Wildkräuter und Staudenschnitt. Aber auch Rasenschnitt, verdorbenes Fallobst und Laub gehören auf den Komposthaufen. Aus dem Haushalt kommen noch Kaffee- und Teefilter, Eierschalen, Obst- und Gemüsereste und vertrocknete Blumen hinzu [→ a]. Weniger geeignet sind Wurzelunkräuter wie Quecke oder Giersch, Unkräuter mit reifem Samen oder kranke Pflanzenteile aus dem Garten. Und auch nicht alle Küchenabfälle sind gut. Speisereste, Backwaren, Öle und Fette und auch Ofenasche gehören nicht auf den Komposthaufen. Und achten Sie darauf, dass alles gut zerkleinert ist, dann verrottet es schneller.

AUF DIE SCHICHTUNG KOMMT ES AN

Haben Sie genug Material gesammelt, können Sie mit der Schichtung beginnen. Ganz nach unten gehört etwas Strauchschnitt und darüber werden die Grünabfälle in dünnen Schichten aufgetragen. Grobe Abfälle werden mit feinen abgewechselt und feuchtere mit trockenen [→ c]. Ist alles gut geschichtet, beginnt der Rotteprozess sehr schnell. Bitte halten Sie den Kompost während der Reife immer etwas feucht und decken Sie ihn ab. Nach etwa drei Monaten wird der halbverrottete Kompost umgesetzt und ist nach etwa sechs weiteren Monaten reif [→ b]. Vor dem Ausbringen wird der Kompost gesiebt und grobe, bisher nicht verrottete Abfälle wandern wieder zurück auf den ersten Komposthaufen.

URALTE UND LANGE BEWÄHRTE KOMPOSTBESCHLEUNIGER sind Kräuter wie Brennnessel, Beinwell, Acker-Schachtelhalm oder Löwenzahn. Mischen Sie die Kräuter beim Aufschichten mit unter oder stellen Sie daraus eine Jauche her. Dazu werden die Kräuter in ein Gefäß gegeben, dieses wird mit Wasser gefüllt und abgedeckt. Schon bald setzt die Gärung ein und nach etwa zwei Wochen wird die Jauche abgesiebt. Später wird diese mehrfach unverdünnt über den Komposthaufen gegossen.

DAS IST *wirklich* WICHTIG

[a] MIT DER GIESSKANNE kann ich die Wassergabe fein dosieren. Sie kommt zum Einsatz, wenn sehr wenig Wasser gebraucht wird oder die Kräuter noch ganz klein sind. Wichtig ist, dass immer nur so viel Wasser gegeben wird, wie die Pflanzen auch wirklich benötigen.

[b] WASSER AUS DER LEITUNG ist sehr praktisch: Es wird einfach gezapft und die Wasserqualität stimmt immer. Allerdings ist es teuer und für empfindliche Kräuter zu kalt.

[c] PERFEKT! Wohl dem, der eine Regentonne aufstellen kann. Regenwasser ist zum Gießen im Garten bestens geeignet. Es kann kostenlos gesammelt werden und bleibt in der Tonne gut temperiert. Das kommt gerade empfindlichen Pflanzen zugute.

[d] JUNGPFLANZEN mögen keinen starken Wasserstrahl. Sie benötigen nur wenig Wasser und werden am besten mit einer feinen Brause gegossen.

[a]

[b]

[c]

WASSER

Die Quelle des Lebens

Eine regelmäßige Versorgung mit Wasser ist für jede Pflanze wichtig. Besonders im Frühjahr, wenn die Kräuter schnell wachsen, sollte der Gärtner für das richtige Maß an Feuchtigkeit sorgen. Bleibt der Regen aus, steht richtiges Gießen auf der Tagesordnung.

[d]

WOZU BRAUCHT DIE PFLANZE WASSER?

Wasser ist einer der wichtigsten Wachstumsfaktoren für die Pflanzen. Schon das Saatgut kann ohne ausreichend Wasser nicht keimen. Während des im Frühjahr einsetzenden Pflanzenwachstums ist die regelmäßige Wasserversorgung besonders wichtig und auch später, im Sommer, erhält Wasser die Pflanze am Leben. Es wird von den Wurzeln aufgenommen und in alle Pflanzenteile verteilt. Wasser transportiert Nährstoffe, ist am Stoffwechsel beteiligt, kühlt die Pflanze durch Verdunstung und erhält die Pflanzengestalt.

ES GIBT WASSER UND WASSER

Natürlich wäre es am schönsten, wenn ein gleichmäßiger Landregen unsere Kräuter zur rechten Zeit mit Wasser versorgen würde. Nur ist dieser Wunsch nicht immer Wirklichkeit und so muss der Kräutergärtner oft nachhelfen. Liegt Ihr Garten am Haus, kommt das Wasser aus der Leitung oder Sie sammeln einfach Regenwasser. Die Vorteile von Leitungswasser liegen klar auf der Hand. Bei uns ist es fast unbegrenzt verfügbar, von großer Reinheit und kommt mit hohem Druck aus dem Wasserhahn. Schließen Sie einfach einen Schlauch oder Regner an und die Gießarbeit macht sich fast von alleine. Klingt prima, wären da nicht die hohen Wasserkosten. Ein Brunnen im Garten kann da Abhilfe schaffen, doch ein gewisses Risiko liegt hierbei in der Wasserqualität. Am besten und günstigsten ist Regenwasser. Es ist schön weich und, kommt es aus der Regentonne, auch immer wohltemperiert. Regenwasser wird auf Dächern gesammelt und über Fallrohre in Regentonnen, Tanks oder Zisternen geleitet. Um Algenwuchs einzudämmen, sollte Regenwasser frei von Tageslicht gesammelt werden.

GIESSEN IST KEINE KUNST

Kräuter haben einen sehr unterschiedlichen Wasserbedarf. Unsere heimischen Kräuter und ihre Verwandten wie Minzen, Baldrian oder Beinwell lieben es feucht, während Mittelmeerkräuter wie Lavendel, Salbei oder Thymian auch mit sehr wenig Wasser auskommen.

Gut zu wissen ist auch, wie viel Wasser der Boden speichern kann. Regelmäßiges Hacken und Mulchen mindern die Verdunstung des Bodenwassers und halten es so für die Kräuter verfügbar. Doch wenn es kaum regnet, helfen diese Maßnahmen nicht und Sie müssen gießen.

Spätestens wenn die Blätter Ihrer Kräuter schlappen, sollten diese gezielt gegossen werden. Gut ist es, den Boden zu durchnässen und dann wieder trocknen zu lassen. So werden die Wurzeln immer ausreichend mit Wasser und mit Luft versorgt und es entsteht keine Staunässe.

Gegossen wird am besten in den frühen Morgenstunden, an heißen Tagen auch abends. Wichtig ist, dass die Blätter trocken in die Nacht gehen, sonst steigt das Risiko von Pilzinfektionen. Mittags sollten Sie bitte, zumindest an sonnigen Tagen, nicht gießen, die Blätter könnten sonst im Sonnenlicht verbrennen. Und denken Sie daran, gießen Sie nur, wenn es Ihnen wirklich notwendig erscheint, Pflanzen können sich an viel Wasser gewöhnen und leiden dann in trockenen Phasen noch mehr.

Faustregel ist, dass Pflanzen während des Wachstums stets gut mit Wasser versorgt werden müssen. Wenn im Sommer das Wachstum der Kräuter nachlässt, kommen sie mit etwas weniger Wasser aus.

[a]

[b]

DAS IST *wirklich* WICHTIG

[a] KRÄUTERBEETE müssen in der Regel ein wenig gedüngt werden. Selbst bei regelmäßigen Kompostgaben sagt die Bodenprobe meist aus, dass es dem Boden an Stickstoff fehlt. Jetzt ist das Verteilen von Hornspänen angesagt. Die Hornspäne werden im Boden sehr langsam gelöst und versorgen die Kräuter so über einen langen Zeitraum mit Stickstoff.

[b] IM SPÄTEN WINTER oder zeitigen Frühjahr wird im Garten eine Grunddüngung ausgebracht. Die Hornspäne werden in einen Eimer gefüllt und können so gut verteilt werden. Die Menge des benötigten Düngers wird in der Bodenprobe empfohlen. Beim Ausbringen sollten Sie unbedingt Handschuhe tragen.

[c] VERTEILEN SIE DEN DÜNGER schön gleichmäßig. Je nach Art und Menge des ausgebrachten Düngers entsteht so eine dünne Schicht auf dem Boden.

[d] IST DER DÜNGER AUSGEBRACHT, wird er mit der Harke in die oberste Bodenschicht eingearbeitet oder bleibt einfach bis zur nächsten Bodenbearbeitung liegen. Das Bodenleben fängt sofort an, den Dünger zu zersetzen.

DÜNGER MÖGLICHST GLEICHMÄSSIG AUSBRINGEN!

[c]

[d]

GUT VERSORGT?

Weniger ist mehr

Kräuter benötigen zum Wachstum zahlreiche Nährstoffe und diese werden nur mineralisiert mit dem Wasser aufgenommen. Wichtig ist, dass alle benötigten Nährstoffe in der richtigen Kombination vorhanden sind.

DIE NÄHRSTOFFE IM BODEN

Der Boden ist ein komplexes Gebilde, seine Entwicklung hängt von Ausgangsgestein, Klima und natürlich auch dem natürlichen Pflanzenbewuchs ab. Entscheidend für die Entwicklung eines guten Bodens ist ein aktives Bodenleben. Es verwandelt Pflanzenreste und Humus in mineralisierte Nährstoffe und macht diese so für die Pflanzen verfügbar. Eine Bodenprobe [→ Seite 16/17] hilft uns zu erkennen, welche Nährstoffe fehlen. Die wichtigsten Nährelemente sind Stickstoff, Phosphor, Kalium, Magnesium, Kalzium und Schwefel. Dazu kommen zahlreiche Spurenelemente wie Eisen, Kupfer und Mangan. Fehlen einige Elemente oder gibt es von anderen zu viel, wächst die Pflanze nicht optimal, wird krank oder entwickelt nur wenig Aroma.

DER NÄHRSTOFFBEDARF VON PFLANZEN

Jeder Boden hält Nährstoffe recht unterschiedlich vor. Dabei kommt es nicht immer auf große Mengen an, ein Zuviel an Nährstoffen ist sogar eher schädlich. Großblättrige Kräuter wie Beinwell haben einen hohen Stickstoffbedarf, während den kleinblättrigen, aromatischen Pflanzen wie Thymian zu viel Stickstoff eher schadet. Für die Festigkeit des Pflanzengewebes ist Kalium erforderlich und Phosphor fördert den Blüten- und damit Fruchtansatz. Wichtig ist zu verstehen, dass die Kräuter nicht nur unterschiedlich viele Nährstoffe benötigen, sondern diese auch in der richtigen Komposition.

BEI NÄHRSTOFFMANGEL WIRD GEDÜNGT

Wenn wir über Jahre Pflanzen anbauen, sind die Nährstoffe des Bodens natürlich irgendwann erschöpft. Gründünger und

Mulchen [→ Seite 44/45] sind für die Erhaltung der Fruchtbarkeit sehr gute Maßnahmen, noch wichtiger ist aber die regelmäßige Gabe von Kompost oder auch Mist. Doch Vorsicht, Mist sollte gut abgelagert sein, bevor er verteilt wird. Zeigt die Bodenprobe im Frühjahr, dass diese Maßnahmen nicht ausreichend waren, oder zeigen die Pflanzen Mangelerscheinungen, wird Dünger, zum Beispiel Hornspäne [→ a–d], ausgebracht.

DIE HAUPTNÄHRELEMENTE DER PFLANZEN

Nährstoff	Wirkung	Mangelsymptom
Stickstoff	fördert Blattwachstum	blasse Blätter, wenig Wachstum
Phosphor	fördert Blüten-, Samen-, Wurzel- und Fruchtbildung	wenig Blütenbildung, schlechter Fruchtansatz, Blätter oft rötlich verfärbt
Kalium	stärkt das Gewebe, erhöht die Standfestigkeit	Blätter vergilben vom Rand her, schlechte Frostresistenz
Magnesium	Baustein des Blattgrüns, fördert Wurzelwachstum	Gelbfärbung der Blattfelder, Blattadern bleiben grün
Kalzium (Kalk)	regelt die Nährstoffaufnahme, stärkt das Gewebe	pH-Wert des Bodens sinkt, Nährstoffaufnahme gestört
Schwefel	Baustein von Eiweiß und Enzymen	junge Blätter gelblich und schmal
Spurenelemente	regeln den Stoffwechsel, Bausteine von Enzymen	meist Vergilbung der jüngeren Blätter

DIE WELT DER DÜNGER

Organisch und mineralisch

[1.]

Zum gesunden Wachstum benötigen Kräuter nicht nur Wasser, Wärme und Licht, sondern auch Nährstoffe. Letzten Aufschluss darüber gibt die Bodenprobe im Frühjahr. Das Ergebnis ist meist eine Düngerempfehlung.

[2.]

[3.]

[4.]

DER RICHTIGE DÜNGER

Heute gibt es zahlreiche Möglichkeiten, den Nährstoffhaushalt des Bodens zu steuern. Während die industrielle Landwirtschaft in erster Linie darauf setzt, die Pflanzen sehr gezielt mit Mineraldüngemitteln zu versorgen, schwört der Biogärtner auf die ständige Versorgung des Bodens mit Humus. Dieser Humus wiederum, mineralisiert durch gesundes Bodenleben, ernährt unsere Pflanzen.

Doch bei allem guten Willen, die natürlichen Kreisläufe im Boden aufrechtzuerhalten, fehlt es dem Boden gelegentlich an Nährstoffen, dann hilft nur Dünger.

ORGANISCHE DÜNGER

Organische Dünger sind pflanzlichen oder tierischen Ursprungs und gelten als nachhaltig. Ihre Nährstoffe werden nach und nach im Boden zersetzt und stehen den Pflanzen „in Raten" zur Verfügung. Der Vorteil liegt klar auf der Hand. Die Nährstoffe bleiben im Boden und werden nicht so leicht ausgewaschen. Und doch gibt es einen entscheidenden Nachteil. Benötigt die Pflanze schnell Nahrung, steht diese selten sofort zur Verfügung. Einzige Ausnahme bildet die Pflanzenjauche [→ Seite 22/23],

doch auch diese muss erst einmal hergestellt werden. Es ist daher immer von Vorteil, den Nährstoffhaushalt des Bodens gut zu kennen und bei Bedarf rechtzeitig mit organischem Dünger zu versorgen.

Kompost [→ 1.] ist gut zersetztes pflanzliches Material. Der Nährwert hängt von seiner Zusammensetzung und vom Reifegrad ab. Der Kräutergarten ist stets gut versorgt, wenn Sie in jedem Jahr etwas Kompost ausbringen.

Mist [→ 2.] fällt in landwirtschaftlichen Betrieben in großen Mengen an und wird traditionell zum Düngen von Äckern und Gärten verwendet. Besonders geeignet sind Pferde- und Rindermist, da sie alle notwendigen Nährstoffe im ausgewogenen Verhältnis beinhalten. Doch Vorsicht, frischer Mist ist für die meisten Kräutern zu stark, vor dem Ausbringen sollte er wenigstens sechs Monate gelagert werden.

Hornspäne [→ 3.] sind Reste vom Schlachthof und bestehen aus gemahlenen Hörnern und Hufen. Sie enthalten viel Stickstoff und geben diesen sehr langsam ab. Hornspäne sind ein idealer Dünger für Kräuter, die auf nährstoffarmen Böden stehen.

Holzasche [→ 4.] ist für den Garten ein echter Geheimtipp. Sie enthält alle Nährstoffe, die Pflanzen für ihr Wachstum benötigen.

Geeignet ist nur die Asche von unbehandelten Hölzern und diese wird vor dem Ausbringen am besten noch gesiebt.

Gründünger ist genau wie Kompost sehr wichtig im Nutzgarten. Im Herbst oder immer wieder zwischen den Kulturen fördert Gründünger die Gesundheit und Belüftung des Bodens. Geeignete Gründüngerpflanzen sind Phacelia [→ 5.], Luzerne, Buchweizen, Raps oder Senf. Besonders effektiv sind Gründünger aus der Familie der Leguminosen wie Lupinen, Erbsen oder Bohnen, sie pflegen den Boden und sammeln zusätzlich Stickstoff aus der Luft [→ Seite 44/45].

Pflanzenbrühe/-jauche ist eines der mildesten und gesündesten Dünge- und Pflanzenstärkungsmittel. Sie enthält Stickstoff, Kalium und viele Nebennährelemente [→ Seite 50/51].

MINERALISCHE DÜNGER

Im Handel finden wir häufig mineralische Dünger. Sie werden meist synthetisch hergestellt und enthalten die Haupt- und Nebennährelemente in ausgewogener Form. Mineralische Dünger gibt es als Einnährstoffdünger, Volldünger oder Langzeitdünger. Sie wirken sehr schnell und können bei Bedarf sehr gezielt eingesetzt werden. Allerdings haben diese Düngemittel eine eher hemmende Wirkung auf das Bodenleben. Für den Kräutergarten viel besser geeignet sind organisch-mineralische Dünger. Dabei handelt es sich um Volldünger, der aus organischen Substanzen und aus auf natürlicher Basis gewonnenen Mineralien besteht.

Kalk [→ 6.] ist ein natürlicher mineralischer Dünger. Kalk lässt den Säuregrad des Bodens sofort fallen und wird im Frühjahr nach der Bodenprobe ausgebracht. Wichtig ist, dass sich der Säuregehalt des Bodens im neutralen Bereich (ph-Wert 6,5 bis 7,5) einpendelt, man nennt diesen Zustand neutrale Bodenreaktion. Ist der Boden zu sauer oder alkalisch, werden bestimmte Nährelemente im Boden gebunden und sind für die Pflanzen nicht mehr verfügbar.

Urgesteinsmehl hilft, wenn es dem Boden an Spurenelementen fehlt. Das gemahlene Gestein ist besonders für die Verbesserung von Moorböden geeignet und sollte in jedem Jahr wenigstens einmal ausgebracht werden.

[5.]

[6.]

FLÜSSIGNAHRUNG Schon bald nach dem Pikieren oder spätestens vier Wochen nach dem Umtopfen brauchen Kräuter Nahrung. Für die Anzucht von Topfkräutern ist Flüssigdünger besonders geeignet. Für die Wachstumsphase benötigen die Jungpflanzen stickstoffbetonten Dünger und für die Blühphase und zum Ausreifen der Blätter und Früchte eher kalibetonten. Beide sind im Fachhandel erhältlich. Flüssigdünger werden nach Anleitung dosiert, dem Gießwasser beigemengt und in der Regel einmal wöchentlich ausgebracht.

DIE WICHTIGSTEN PFLANZENNÄHRSTOFFE IN DÜNGERFORM

Nährstoffe	Organische Dünger	Mineralische Dünger
Stickstoff	Hornspäne, Brennnesseljauche	Blaukorn
Phosphor	Knochenmehl	Thomasphosphat
Kalium	Holzasche, Algenprodukte	Patentkali [→ 7.]
Magnesium	–	Bittersalz, Magnesiumkalk
Kalzium (Kalk)	–	Kohlensaurer Kalk, Brandkalk
Schwefel	–	Schwefeldünger
Spurenelemente	Kompost	Urgesteinsmehl

[7.]

KRÄUTERGARTEN-PRAXIS

Anbauen leicht gemacht

GLEICH KANN ES LOSGEHEN – MIT AUSSAAT ODER PFLANZUNG.
HIER SEHEN SIE, WELCHE PFLEGE IHRE KRÄUTERSCHÄTZE IN
DEN WOCHEN DANACH ODER WÄHREND DER KALTEN JAHRES-
ZEIT BRAUCHEN, UM IHNEN LANGE FREUDE ZU BEREITEN, UND
WIE SIE SIE SELBST VERMEHREN KÖNNEN. VIEL SPASS DABEI!

PFLANZEN EINKAUFEN

Nur das Beste für Ihren Garten

Qualität und Gesundheit der Pflanzen haben beim Einkauf oberste Priorität. Wer viel Wert auf Nachhaltigkeit legt, kommt an Bio-kräutern nicht vorbei. Suchen Sie sich am besten eine Gärtnerei Ihres Vertrauens, in der Sie fachkundig beraten werden.

Nicht jeder hat den „grünen Daumen" und traut sich gleich zu, seine Pflanzen selbst zu vermehren und anzuziehen. Am Anfang werden Pflanzen und Saatgut einfach in einer Gärtnerei oder auf dem Markt gekauft.

JUNGE KRÄUTER EINKAUFEN

Mehrjährige Kräuter durchlaufen meist eine lange Kulturzeit. Sie werden durch Aussaat, Stecklinge oder Teilung vermehrt. Beim Einkauf müssen Kräuter immer frei von Krankheiten und Schädlingen sein. Blätter und Triebe sollten fest sein und einen gesunden Eindruck machen. Kaufen Sie keine Pflanzen mit verfärbten oder welken Blättern und betrachten Sie auch die Blattunterseiten sehr genau. Pilzbefall oder Insekten und deren Eier haben auf Kräutern nichts verloren. Besonders wichtig ist es, auf gesunde Wurzeln zu achten. Zur Kontrolle nehmen Sie die Pflanze ruhig aus dem Topf. Die Erde sollte gut durchwurzelt sein und gesunde Wurzeln sind meist weiß. Ist zwischen den Wurzeln keine Erde mehr zu sehen, waren die Kräuter zu lange im Topf und werden später im Beet schlechter

anwachsen. Die Erde auf dem Topf sollte immer einen frischen Eindruck machen und dabei frei sein von Unkraut, Algen und Moos. Verholzende Kräuter wie Salbei, Lavendel oder Rosmarin sollten nicht allzu holzig sein, denn ältere Pflanzen haben kaum Zuwachs und tun sich im Garten dann schwer. Fragen Sie nach, ob die Pflanzen direkt aus der Produktion kommen oder schon abgehärtet sind. Dies ist wichtig – kommen sie direkt aus der Produktion, sollten sie unbedingt abgehärtet werden. Dazu werden die Kräuter einige Tage im Garten in den Schatten gestellt und können sich so gut akklimatisieren. Ohne das Abhärten droht Sonnenbrand auf den Blättern.

DER EINKAUF VON SAATGUT

Ein- oder zweijährige Jungpflanzen wie Borretsch, Ringelblumen, Fenchel oder Kümmel werden im Frühjahr oft im Topf angeboten. In den Garten gepflanzt, wachsen diese Kräuter meist schlecht an und säen sich später stark aus. Ein- oder zweijährige Kräuter sind starkwüchsig, es ist sinnvoller, sie direkt im Garten an Ort und Stelle auszusäen [→ Seite 38/39].

Beim Einkauf von Saatgut ist unbedingt auf Spitzenqualität und Frische zu achten. Der richtige Erntezeitpunkt, der Grad der Trocknung und die fachgerechte Lagerung machen den Unterschied. Saatgut sollte gut gereinigt, in Keimschutztüten verpackt und mit einem Haltbarkeitsdatum versehen sein. Für die Aussaat verwenden Sie bitte nur frisches Saatgut, nach Ablauf des Haltbarkeitsdatums nimmt die Keimfähigkeit schnell ab. Bezugsquellen für Kräuter-Saatgut finden Sie auf den Service-Seiten [→ Seite 150/151].

Kräutersaatgut gibt es in der Regel sortenecht oder von Wildpflanzen. Die Pflanzenzüchtung hat bisher kaum Kräuter-Hybridsorten geschaffen, die, wie es bei Blumen oder auch Gemüse der Fall ist, selten keimfähiges Saatgut erzeugen. So sind die Kräuter noch unverfälscht und bilden meist keimfähiges Saatgut, das geerntet und im nächsten Jahr verwendet werden kann. Saatgut wird kühl und trocken gelagert und ist mindestens ein Jahr haltbar, meist länger. Sehr altes Saatgut kann durch eine Keimprobe [→ Seite 33] getestet werden.

SCHÖN PRÄSENTIERT machen Kräuter immer Lust auf mehr. Beim Einkauf von Pflanzen ist darauf zu achten, dass die Pflanzen gleichmäßig gewachsen und frei von Krankheiten und Schädlingen sind. Manchmal werden Kräuter im Tontopf kultiviert und auch angeboten. Das ist auch gut so, denn der Ton ist luftdurchlässig und fördert so das Wachstum der Wurzeln. Um die Gesundheit der Wurzeln zu prüfen, können Sie die Kräuter aus dem Topf nehmen und den Wurzelballen untersuchen: Gesunde Wurzeln sind weiß bis cremefarben. Häufig sind auch feine Haarwurzeln zu erkennen.

EINE KEIMPROBE gibt Klarheit darüber, ob älteres Saatgut noch verwendet werden kann: feuchtes Küchenpapier auf einen Teller legen und darauf etwa zehn Korn Saatgut verteilen. Anschließend den Teller mit Klarsichtfolie überspannen und an einen warmen Ort stellen. Das Saatgut ist noch verwendbar, wenn mehr als die Hälfte der Probesaat aufgeht.

DAS IST *wirklich* WICHTIG

[a] **DIE TÖPFE** mit Anzuchterde füllen, diese leicht andrücken und anschließend mit einer feinen Brause vorsichtig angießen. Die Erde sollte noch kurz abtrocknen und schon geht es los.

[b] **GRÖSSERE SAMEN** werden in die hohle Hand gegeben und von dort aus vorsichtig und gleichmäßig verteilt.

[c] **FEINERES SAATGUT** wird besser aus der Tüte heraus verteilt. Mit etwas Feingefühl wird leicht auf die Tüte geklopft, sodass Saatkorn für Saatkorn auf die vorbereitete Erde fällt.

[d] **NACH DER AUSSAAT** werden die Samen mit feiner, gesiebter Anzuchterde abgedeckt. Ausnahme: Lichtkeimer!

[e] **MIT EINER FEINEN BRAUSE** vorsichtig gießen! Wichtig ist, dass die Erde gut durchfeuchtet wird und dass das Saatgut nicht ausgespült wird.

[f] **SAATGUT** sollte am besten in einer Keimschutzpackung gekauft werden. Die eigene Ernte wird in Papiertüten gelagert – dunkel, trocken und kühl.

DIE ERDE NACH DER AUSSAAT GUT DURCHFEUCHTEN.

KRÄUTER AUSSÄEN
So fängt alles an

[f]

Viele unserer Kräuter lassen sich leicht und schnell durch Aussaat auf der Fensterbank vermehren. Das Verfahren ist preisgünstig und führt rasch zum Erfolg, wenn man ein paar Dinge beachtet.

DAS RICHTIGE ZUBEHÖR

Wichtigste Voraussetzung für die Anzucht von Kräutern ist ein heller, gut temperierter Platz. Besonders geeignet sind natürlich Gewächshäuser, doch auch auf der Fensterbank in der Wohnung sind die Bedingungen in Ordnung – gut wären Temperaturen von 18° bis 21°C. Allzu starke Sonneneinstrahlung ist zu vermeiden.

Für die Vermehrung durch Aussaat benötigen Sie gesundes Saatgut, geeignete Gefäße und Aussaaterde. Das Saatgut sollte immer frisch sein, sonst keimt es nicht gut. Anfänger sind gut beraten, Saatgut im Fachhandel zu besorgen, erfahrene Kräuterliebhaber ziehen es dagegen vor, ihr Saatgut selbst zu ernten.

Ausgesät wird immer in Anzuchterde. Sie hat einen hohen Humusanteil, ist steril und zeichnet sich durch wenige Nährstoffe aus.

Als Aussaatgefäße sind Töpfe, Kisten oder Schalen sehr gut geeignet, doch sollten diese neu oder zumindest sauber sein. Die Gefäße müssen Löcher im Boden haben, damit überflüssiges Wasser gut abfließen kann. Gut geeignet sind Töpfe aus gepresstem Papier oder Recyclingmaterialien.

SO GEHT'S

Saatgut wird immer in Licht-, Dunkel- sowie Frostkeimer unterschieden. Lichtkeimer benötigen Tageslicht zum Keimen und Dunkelkeimer wollen es dunkel. Kalt- oder Frostkeimer, zum Beispiel Bärlauch, Waldmeister oder auch viele Gehölze, benötigen eine längere Kühlphase zum Keimen. Säen Sie am besten noch im Herbst aus. Der Kältereiz im Winter bringt die Samen im Frühjahr zum Keimen.

Zur Aussaat werden die Töpfe oder Schalen mit Aussaaterde gefüllt, diese wird leicht angedrückt und mit einer feinen Brause gut durchfeuchtet [→ a]. Jetzt ist es an der Zeit, die Etiketten zu beschriften.

Ist die Erde wieder etwas abgetrocknet, wird das Saatgut sparsam ausgestreut und dabei auf der Erde gleichmäßig verteilt [→ c]. Bei Dunkelkeimern, zu denen viele Kräuter zählen, beispielsweise Schnittlauch und Petersilie, wird die Aussaat dünn mit fein gesiebter Erde abgedeckt [→ d]. Doch Vorsicht, die Erdschicht darf nicht stärker sein als das darunter liegende Saatkorn.

Bei sehr feinem Saatgut reicht als Abdeckung einfach Papier. Aussaaten von Lichtkeimern wie Basilikum, Oregano oder Thymian werden nicht abgedeckt. Zum Schluss wird noch einmal vorsichtig angegossen [→ e] und dann heißt es warten, bis die ersten Keimblätter zu sehen sind.

ZUVERLÄSSIGE KRÄUTERANZUCHT: Zahlreiche Kräuter lassen sich einfach durch Aussaat anziehen. Besonders zuverlässig und schnell keimt das Saatgut von Kresse, Kerbel und Borretsch. Etwas länger brauchen Basilikum, Zitronen-Melisse, Salbei, Majoran und Oregano. Ein Kräutergarten auf der Fensterbank sorgt auch im Winter stets für frischen Genuss.

DAS IST *wirklich* WICHTIG

[a] NACH DER KEIMUNG fangen die Kräuter schnell an zu wachsen und brauchen mehr Platz. Jetzt geht es ans Pikieren. Pikiert wird in Kisten oder Töpfe mit Anzuchterde.

[b] DIE ERDE mit dem Pikierstab etwas lockern und die Pflanzen vorsichtig aus dem Topf ziehen. Wichtig ist dabei, dass die Wurzeln nicht abreißen.

[c] SIND DIE WURZELN ZU LANG, werden sie vorsichtig gekürzt. Die Wurzeln passen so besser in den neuen Topf und das Wurzelwachstum wird angeregt.

ZU LANGE WURZELN VORSICHTIG EINKÜRZEN.

[d] MIT DEM PIKIERSTAB wird ein Loch in die Erde des vorbereiteten Topfes gedrückt. Die Tiefe des Loches hängt von der Länge der Wurzeln ab. Auf jeden Fall muss das Loch so groß sein, dass die Wurzeln nicht gequetscht werden.

[e] DAS JUNGE PFLÄNZCHEN wird in das Loch gehoben und darf nicht höher oder tiefer gesetzt werden, als es vorher stand. Mit dem Pikierstab können Sie vorsichtig von allen Seiten Erde an die Wurzeln drücken, ohne dass der Wurzelhals abknickt.

[f] NACH DEM PIKIEREN wird mit einer feinen Brause angegossen. Eine gut pikierte Pflanze steht fest und darf beim Gießen nicht umkippen.

NACH DER KEIMUNG

wird vereinzelt

Ein paar Tage nach der Aussaat sind schon die ersten Keimblätter zu sehen. Die jungen Kräuter beginnen zu wachsen, dafür benötigen sie Nahrung und etwas mehr Platz. Bald wird es ihnen zu eng und sie wollen vereinzelt, pikiert, werden.

DAS BRAUCHEN SIE

Wenn die Sämlinge das erste Blattpaar nach den Keimblättern entwickelt haben, wird es in der Saatschale meist zu eng. Die Keimlinge haben kaum noch Nahrung und meist auch zu wenig Platz. Abhilfe schafft das Pikieren in frische Anzuchterde und in einen eigenen Topf.

Das Pikieren ist eine recht sensible Sache. Der Zeitpunkt muss stimmen und die kleinen Pflanzen dürfen dabei nicht verletzt werden. Zum Pikieren benötigen Sie Töpfe, Schalen oder Kisten, Aussaaterde und einen Pikierstab – ein Bleistift geht auch [→ a].

SO GEHT'S

Die Töpfe oder Kisten werden mit Erde gefüllt, diese wird leicht angedrückt und gut durchfeuchtet. Anschließend werden mit dem Pikierstab Löcher in die Erde gedrückt. Sie geben später den Pflanzenabstand vor. Bei kleinen Töpfen reicht ein Loch in der Mitte. Jetzt werden die Jungpflanzen mit dem Pikierstab vorsichtig aus dem Saatbeet gehoben, ohne dabei die Wurzeln oder den Spross abzuknicken [→ b]. Sind die Wurzeln zu lang, werden sie mit den Fingernägeln abgeknipst [→ c]. Das schadet der Pflanze nicht, die Wurzeln wachsen dann schneller und verzweigen sich gut. Dann werden die Wurzeln in das Pflanzloch gehalten und vorsichtig mit Erde angedrückt [→ e], ohne sie dabei zu quetschen. Sitzen die Wurzeln gut fest, wird die Erdoberfläche noch glatt gestrichen. Zum Schluss werden die Pflanzen mit einer feinen Brause angegossen [→ f] und an ihren warmen Platz zurückgestellt. Die Pflanzen dürfen beim Gießen nicht umkippen und auf der Erde liegen!

DIE RICHTIGE PFLEGE

Frisch pikierte Pflanzen benötigen noch ein wenig unsere Aufmerksamkeit. Sie mögen es warm, vertragen keine direkte Sonneneinstrahlung und sind für erhöhte Luftfeuchtigkeit dankbar.

Schon bald setzt das Wachstum ein und die Pflanzen werden von Tag zu Tag kräftiger. Die Erde sollte die ganze Zeit ausreichend feucht gehalten werden und nach etwa zehn Tagen wird erstmals flüssig gedüngt. Etwa vier Wochen nach dem Pikieren sind die meisten Kräuter groß und kräftig und können getopft oder ausgepflanzt werden.

[a]

[b]

SAATRILLEN SOLLTEN 2 BIS 3 CM TIEF SEIN.

[c]

[d]

[e]

DAS IST *wirklich* WICHTIG

[a] ZUR VORBEREITUNG wird das Saatbeet fein geharkt und schön geebnet.

[b] ZIEHEN SIE MIT EINEM GERÄTESTIEL oder einem Reihenzieher Saatrillen. Diese sollten 2 bis 3 cm tief sein. Beim Abstand ist der künftige Platzbedarf der Kräuter zu beachten.

[c] DAS SAATGUT wird sparsam und gleichmäßig in die Rillen gestreut. Auch dabei ist der künftige Platzbedarf der Pflanzen zu beachten. Alternativ können Sie auch Saatbänder auslegen.

[d] NACH DER AUSSAAT schließen Sie die Rillen vorsichtig mit der Harke.

[e] GLEICH ANGIESSEN, denn gleichmäßige Feuchtigkeit ist für die Keimung des Saatgutes besonders wichtig.

AUSSAAT DIREKT IM BEET

Der Klassiker

Ein- und zweijährige Kräuter sind meist starkwüchsig und sehr robust.
Sie können direkt im Beet ausgesät werden. Freilandsaaten haben meist
starke Konkurrenz im Garten und benötigen unsere besondere Beachtung.

AUSSAAT IM SAATBEET

Viele einjährige Kräuter wie Kapuzinerkresse, Ringelblume
oder Kamille wachsen sehr schnell und haben eine kurze Kulturzeit – daher lohnt sich eine Vorkultur im Topf nicht. Diese
Kräuter werden am besten direkt im Freiland ausgesät und
wachsen an Ort und Stelle. Wichtig ist, dass sich die Erde
schon vor der Aussaat gut erwärmt hat und der Boden vorbereitet ist.

SO GEHT'S

Im Saatbeet wird die Erde tief gelockert, fein geharkt [→ a] und
anschließend gut planiert. Mit einem Stab oder Reihenzieher
werden kleine Furchen gezogen [→ b], in denen das Saatgut
dann locker verteilt wird [→ c]. Allgemein gilt, je größer das
Saatkorn, umso tiefer die Furche und umso größer muss auch
der Abstand beim Auslegen sein. Gut ist es, schon bei der Aussaat den späteren Endabstand der Pflanzen zu kennen und
entsprechend zu berücksichtigen. Besonders einfach ist das
Auslegen von Saatbändern, die im Fachhandel angeboten werden. Dabei handelt es sich um kompostierbare Papierrollen,
auf denen das Saatgut bereits im richtigen Abstand fixiert worden ist. Nach der Aussaat werden die Furchen vorsichtig zuge-
harkt [→ d] und die Erde wird gut durchfeuchtet [→ e].

GUT PFLEGEN

Saatgut benötigt zum Keimen immer ausreichend Wasser.
Schon die Unterbrechung der Quellung des Saatkorns kann
für den Keimling tödlich sein. Daher ist es besonders wichtig,
darauf zu achten, dass das Saatbeet niemals austrocknet.
An heißen, trockenen Tagen kann es notwendig sein, morgens
und abends zu gießen.
Genauso wichtig ist es, das Saatbeet zu pflegen, denn unerwünschte Wildkräuter nehmen den Kräutern Wasser, Nährstoffe und Platz. Besonders einfach ist es, zwischen den
Reihen regelmäßig zu hacken, so haben die Wildkräuter keine
Chance.
Nach dem Auflaufen des Saatgutes wird vereinzelt. Das heißt,
es werden überzählige Keimlinge aus den Reihen entfernt und
an anderer Stelle ausgepflanzt. Bei der Verwendung von Saatbändern entfällt das Vereinzeln.

DIE BESTEN KRÄUTER FÜR DIE FREILANDAUSSAAT: Viele Kräuter keimen sehr schnell und sind
starkwüchsig – sie sind daher für die Freilandaussaat sehr gut geeignet. Kamille, Ringelblume,
Borretsch, Kapuzinerkresse oder das einjährige Bohnenkraut werden im Frühjahr direkt in das
vorbereitete Beet gesät. Zweijährige Pflanzen wie Kümmel, Fenchel oder Malven werden am besten
im Sommer in das Freiland gesät. Sie blühen erst im nächsten Jahr.

DAS IST *wirklich* WICHTIG

[a] NUR GESUNDE UND KRÄFTIGE KRÄUTER kommen für die Pflanzung infrage, denn nur sie haben starke Wurzeln und sind frei von Krankheiten und Schädlingen.

[b] ZUERST DEN PFLANZABSTAND festlegen und entsprechende Löcher ausheben. Sie sollten größer als der Topfballen sein.

[c] HEBEN SIE DIE KRÄUTER VORSICHTIG aus den Töpfen. Leichtes Klopfen auf den Topfboden hilft, wenn die Kräuter zu stark eingewurzelt sind.

[d] DER WURZELBALLEN wird in das Pflanzloch gehalten. Wichtig ist, dass das Kraut nicht in der Erde verschwindet oder der Ballen zu hoch steht.

[e] DAS PFLANZLOCH wird nun mit lockerer Erde aufgefüllt. Die Erde wird vorsichtig angedrückt und zu einem Gießrand geformt.

[f] NACH DEM PFLANZEN die überschüssige Erde im Beet verteilen, anschließend gut wässern und fertig ist das Kräuterbeet.

JUNG-PFLANZEN NICHT ZU TIEF EIN-SETZEN!

AB INS BEET!

Draußen ist's am schönsten

Egal ob gekauft oder selbst gezogen auf der Fensterbank, irgendwann werden die Kräuter zu groß für den Anzuchttopf und müssen in den Garten. Doch dazu müssen sie vorher an das Klima im Freiland gewöhnt werden.

DIE PFLANZUNG

Die Pflanzung von Kräutern bedarf ein wenig Vorbereitung. Die Kräuter sollten abgehärtet und der Boden aufgelockert sein. Das Abhärten von Pflanzen wird erforderlich, wenn diese zuvor im Gewächshaus oder auf der Fensterbank gewachsen sind. Die Blätter der Pflanzen vertragen noch keine UV-Strahlung, darum sollten sie für einige Tage im Freiland in den Schatten gestellt werden. Wichtig ist es, auch darauf zu achten, dass nur gesunde Kräuter für die Pflanzung ausgesucht werden. Vor dem Auspflanzen werden die Töpfe gut gewässert – die Pflanzen wachsen dann besser an. Im Beet werden die Pflanzen entsprechend ihrem benötigten Pflanzabstand auf dem Beet verteilt [→ b] und mit der Pflanzschaufel oder dem Spaten Löcher ausgehoben, die wenigstens doppelt so groß wie die Wurzelballen der Kräuter sind. Auf sehr schweren Böden wird der Unterboden zusätzlich ein wenig gelockert und mit Sand vermischt. Die Kräuter werden vorsichtig aus den Töpfen gehoben und in die Pflanzlöcher gesetzt [→ d]. Die Pflanzen dürfen nicht zu hoch stehen und auch nicht in der Erde versinken. Anschließend wird das Pflanzloch so mit Erde gefüllt, dass ein kleiner Gießrand entsteht [→ e]. Am Schluss wässert man die Pflanzen noch einmal und harkt das Beet gerade [→ f].

WENN DIE KRÄUTER WUCHERN

Viele Kräuter wie Beinwell, Meerrettich oder Minzen wachsen sehr stark und bedrängen schnell ihre Nachbarn. Manche bilden so starke Wurzelausläufer, dass die anderen Pflanzen regelrecht verdrängt werden. Da hilft nur eins: Diese Kräuter in Extrabeete oder Kübel pflanzen oder sie mit einer Rhizomsperre versehen. Die Rhizomsperre ist eine unterirdische Wurzelsperre aus Blech, Wellplatten oder Kantensteinen und reicht wenigstens 40 cm, besser 60 cm tief in die Erde. Besonders einfach ist es, Teichfolie in Streifen zu schneiden und als Rhizomsperre zu nutzen. Natürlich können auch Töpfe oder Maurerkübel im Boden durchlöchert und als Wurzelsperre verwendet werden.

DER RICHTIGE ZEITPUNKT: Kräutergärten werden am besten im Frühjahr oder Herbst neu angelegt und bepflanzt. Nach einer tiefgründigen Bodenverbesserung mit reichlich Kompost, auf schweren Böden auch mit Sand, werden die Flächen planiert, die Beete gekennzeichnet und eventuell Hecken als Beeteinfassung gepflanzt – dann kommen die Kräuter ins Beet.

DAS IST *wirklich* WICHTIG

[a] KRÄUTER, DIE IM KÜBEL WACHSEN, müssen alle zwei bis drei Jahre umgetopft werden. Dazu benötigen Sie einen ausreichend großen Topf, Kieselsteine, gute Erde, eine Pflanzschaufel und gegebenenfalls ein Gartenmesser. Für Kräuter sind Terrakottatöpfe gut geeignet.

DEN WURZEL-BALLEN GRÜNDLICH LOCKERN!

[a]

[b]

[c]

[d]

[e]

[b] HEBEN SIE DIE PFLANZE aus dem alten Topf und lockern Sie den Wurzelballen, indem Sie ihn mit den Händen etwas aufreißen.

[c] DIE ERDE wird vorbereitet und bei Bedarf je nach Pflanzenart mit Kompost, Sand oder Dünger vermischt.

[d] AUF DEN GRUND DES TOPFES etwas Kies und eine dünne Schicht Erde füllen. Darauf die Pflanze setzen und die Zwischenräume mit Erde füllen. Zum Schluss die Ränder etwas andrücken.

[e] FERTIG! Frisch umgetopft kommt die Pflanze zurück an ihren Platz und wird gut gegossen.

KRÄUTER UMTOPFEN

Schritt für Schritt

Ein wichtiges Thema für Kräutergärtner mit viel und wenig Platz sind Topfkräuter auf Balkon und Terrasse. So stehen die Kräuter in der Nähe der Küche und können auch auf Wunsch ab und zu ausgetauscht werden.

DAS RICHTIGE GEFÄSS

Kräuter im Kübel sind vielseitig verwendbar und bleiben viele Jahre schön. Einheitliche Kübel bringen viel Ruhe in den Garten, auf Balkon und Terrasse und wirken stets harmonisch. Egal ob Terrakotta, Holz, Kunststoff oder Blech, alle Arten von Töpfen sind erlaubt und für Kräuter gut geeignet. Terrakotta ist langlebig und bei hoher Qualität auch frostfest. Kunststoff- oder Blechgefäße sind schön leicht und einfach zu transportieren und Holzgefäße besonders standfest.

SO WIRD GETOPFT

Sobald es im Frühjahr warm wird, können die neu gekauften Kräuter, die nicht im Beet, sondern im Balkonkasten oder in Töpfen oder Kübeln weiterwachsen sollen, getopft werden. Als Substrat wählen Sie am besten eine industriell hergestellte und hochwertige Topferde mit stabiler Struktur.
Als Erstes werden die Löcher im Boden der Gefäße mit Kieselsteinen oder Tonscherben abgedeckt, danach wird etwas Erde eingefüllt. Halten Sie die Kräuter in das Gefäß und füllen Sie es dann bis zum Rand mit Erde auf. Durch leichtes Andrücken entsteht ein praktischer Gießrand um jede Pflanze. Ganz zum Schluss kommen die Gefäße an ihren Platz und erhalten eine gute Portion Wasser.
Pflanzen Sie nur Kräuter zusammen, die ähnliche Ansprüche an Sonne, Wasser und Nährstoffe haben.

ALTE TOPFKRÄUTER UMTOPFEN

Das Frühjahr ist auch zum Umtopfen von älteren mehrjährigen Kräutern wie Lavendel, Rosmarin oder Zitronenstrauch die beste Zeit. Wenn diese aus dem Winterquartier kommen, sind sie für mehr Platz im Topf und frische Erde immer sehr dankbar. Der ganze Erdballen wird aus dem alten Gefäß genommen, verbrauchte Erde und abgestorbene Wurzeln werden, so gut es geht, entfernt. Stark verfilzte Wurzelballen können etwas angerissen werden. Das neue Gefäß hat einen mindestens 4 cm größeren Durchmesser als das alte und wird wie links beschrieben bepflanzt.

TOPFKRÄUTER BRAUCHEN MEHR PFLEGE

Besonders Topfkräuter benötigen regelmäßig Wasser. Gut ist es, sie gründlich zu gießen und den Ballen dann wieder abtrocknen zu lassen. So werden die Wurzeln gleichmäßig mit Wasser und Luft versorgt. Etwa ab vier Wochen nach dem Eintopfen sollten Kräuter regelmäßig nachgedüngt werden. Günstig und einfach zu dosieren ist Flüssigdünger. So können Sie auch schnell auf Ernährungsengpässe reagieren. Und bitte entfernen Sie regelmäßig unerwünschte Wildkräuter, sie konkurrieren sonst mit unseren Küchenkräutern um das sowieso schon geringe Platzangebot im Topf. Haben Sie alles beachtet, können Topfkräuter über mehrere Jahre im selben Kübel wachsen.

[b]

DAS IST *wirklich* WICHTIG

[a] **DEN BODEN REGELMÄSSIG AUFREISSEN,** besonders nach Regen. So bleibt die Feuchtigkeit im Boden und ist für die Pflanzen verfügbar. Außerdem werden unerwünschte Wildkräuter am Wachstum gehindert.

[b] **WO GENÜGEND PLATZ IST,** werden Wildkräuter regelmäßig mit der Hacke entfernt. Dabei wird die Bodenoberfläche aufgerissen.

[c] **IST ZUM HACKEN** nicht genügend Platz, wird der Boden nur mit der Kralle aufgerissen.

[d] **EINE MULCHSCHICHT** ist für mehrjährige Kräuter ideal. Sie reguliert Temperatur und Feuchtigkeit im Boden und hindert keimende Wildkräuter am Wachstum.

[e] **STARKWÜCHSIGE KRÄUTER** können mit Rindensubstrat gemulcht werden.

[c]

[d]

[e]

[a]

BODENPFLEGE
lohnt sich immer

Wachstum und Gesundheit der Kräuter hängen entscheidend vom Boden ab. Luft, Wasser und Nährstoffe sollten immer ausreichend vorhanden sein. Gut gepflegte Böden werden garer, das heißt, sie bleiben lebendig und ihre Fruchtbarkeit nimmt zu. So wird der Grundstein für die nächste Ernte gelegt.

UMGRABEN, LOCKERN UND HACKEN

Schwere Böden sollten regelmäßig gepflügt oder umgegraben werden. So wird die Erde gelockert und Luft dringt auch in tiefere Schichten. Gegraben wird grobschollig im Herbst, so kann der Winter zusätzlich für Frostgare im Boden sorgen. Die Erde wird krümelig, ist im Frühjahr frei von Wildkräutern und viel leichter zu bearbeiten.

Zum Lockern und Belüften leichterer Böden reicht der Einsatz des Sauzahns. Er wird dazu so tief wie möglich kreuz und quer durch den Boden gezogen.

Im Frühjahr wird der Oberboden mit der Harke fein geglättet. Dann wird gesät und gepflanzt. Später im Frühjahr und Sommer sollte man regelmäßig zu Hacke [→ b] oder Kultivator greifen, um Wildkräuter zu entfernen: Beim Hacken wird die obere Schicht des Bodens aufgerissen, dabei werden die Wurzeln der Wildkräuter abgetrennt. Ihre Blätter und Sprosse vertrocknen, werden kompostiert oder können zum Mulchen verwendet werden. Und noch etwas geschieht, wenn Sie den Oberboden im Sommer lockern. Die Kapillarröhrchen im Boden werden unterbrochen und so kann weniger Wasser verdunsten. Allgemein gilt: Nach dem Regen regelmäßig hacken erspart häufiges Gießen.

GRÜNDÜNGERPFLANZEN

Werden Beetflächen nicht oder erst später benötigt, lohnt es sich immer, Gründünger als Zwischenfrucht auszusäen. Buchweizen, Tagetes, Phacelia, Lupinen, Senf oder Raps wachsen schnell, halten den Boden aktiv und vermindern die Erosion. Wird der Gründünger auf den Beeten nicht mehr benötigt, kann er kompostiert oder untergegraben werden.

MULCH – GESUNDE BODENDECKE

Auch das Mulchen hat eine fantastische Wirkung, ist doch der Boden immer gut abgedeckt. Beste Beispiele sind lockere Waldböden, sie sind immer mit Laub bedeckt und dadurch nahrhaft, humos, schön feucht und auch gar, also lebendig. Außerdem hemmt die schützende Mulchschicht die Verbreitung von Wildkräutern.

Im Garten wird gemulcht, wenn alle Kräuter gepflanzt sind und auch die Saat schon aufgegangen ist. Dazu wird die Erde rund um die Pflanzen dünn abgedeckt. Zum Mulchen ist Kompost, Grasschnitt, angerottetes Laub oder auch Stroh gut geeignet. Der Effekt ist einfach und doch sehr wirkungsvoll: Unter der Mulchschicht bleibt es schön feucht, da das Wasser nicht ungehindert aus dem Boden verdunsten kann. So ist es für die Kräuter anhaltend verfügbar. Der zweite Vorteil liegt darin, dass die Tag- und Nachttemperaturen im Boden weniger stark schwanken. Die Mulchschicht fördert das Bodenleben und macht den Garten insgesamt fruchtbarer. Und natürlich ist der abgedeckte Boden weniger der Witterung ausgesetzt, so kommt es zu deutlich weniger Erosion. Und der letzte, vielleicht aber wichtigste Vorteil: Die Mulchschicht wird vom Bodenleben nach und nach abgebaut und liefert so Nahrung für unsere Kräuter.

DAS IST *wirklich* WICHTIG

[a] DER SPÄTE WINTER, nach den letzten starken Frösten, ist der richtige Zeitpunkt für den Rückschnitt von Kräutern. Stauden, krautige Pflanzen, werden über dem Erdboden abgeschnitten und mediterrane Halbsträucher erhalten jetzt ihre neue Form.

[b] MEDITERRANE HALBSTRÄUCHER, hier Ysop, können bis in das alte Holz zurückgeschnitten werden. Sie treiben bald neu aus und bleiben den ganzen Sommer in Form. Die Kräuter wachsen kompakt und fallen während des Wachstums oder in der Blüte im Sommer nicht auseinander.

[a]

[b]

[c] LAVENDEL, ebenfalls ein mediterraner Halbstrauch, wird häufig im Herbst etwas geschnitten. Doch dürfen dann nur die Blüten- oder Fruchtstände abgenommen werden. So wird Ordnung im Garten geschaffen und die Selbstaussaat eingedämmt. Ein Formschnitt bis in das alte Holz ist nur im zeitigen Frühjahr zu empfehlen.

[c]

DER RICHTIGE SCHNITT

Die Kunst des Gärtners

Kräuter sind Nutzpflanzen mit Schmuck. Damit das so bleibt, ist ein Pflegeschnitt meist unumgänglich. Gewusst wann und wie, bleiben Kräuter viele Jahre eine blühende und duftende Attraktion in Ihrem Garten.

PFLEGESCHNITT – SORGT FÜR ORDNUNG

Für einen gezielten Pflegeschnitt sollten Gartenmesser und eine gut geschärfte Rosenschere bereitliegen. Die meisten mehrjährigen Kräuter wachsen im Sommer sehr üppig und liefern für die Ernte reichlich Blätter und Blüten. Krautige Pflanzen, zum Beispiel Pfefferminze oder Zitronen-Melisse, werden zur Ernte vollständig abgeschnitten. Die Pflanzen treiben dann schnell wieder aus und können im Spätsommer oft ein zweites Mal geerntet werden. Wird auf die Ernte verzichtet, sollten diese Kräuter im Herbst oder nach dem Winter einfach dicht über dem Boden abgeschnitten werden [→ a]. Mediterrane Halbsträucher wie Salbei, Ysop und Lavendel [→ c] sind schon etwas empfindlicher. Stehen sie ganzjährig im Beet, sollte die Ernte Anfang September abgeschlossen sein. Eine Ruhezeit ist nötig, um die Schnittwunden der Ernte wieder zu verschließen. Doch geht es beim Schneiden nicht immer um die Ernte, Halbsträucher brauchen gelegentlich auch einen Pflegeschnitt. Dieser darf ruhig bis in das alte Holz erfolgen,

aber bitte nur im Frühjahr. Soll keine Ernte erfolgen, fördert das Entfernen von alten Blütenständen immer den Austrieb der Kräuter. So verhilft der Pflegeschnitt der Pflanze häufig zum zweiten Blütenflor.

Außerdem gehört es im Kräutergarten zur regelmäßigen Grundpflege, trockene Blätter und kranke Pflanzenteile zu entfernen.

HECKEN- UND FORMSCHNITT

Schon in der Antike wurden Gehölze zu geometrischen Formen geschnitten. Sie stehen dann im krassen Gegensatz zu üppig wachsenden Kräutern und verleihen dem Garten einen unverwechselbaren Charakter. Hochstämme, Pyramiden und Kugeln, aber auch Hecken lassen sich aus Gehölzen besonders gut ziehen. Zur Pflanzung von Hecken sind mediterrane Halbsträucher wie Lavendel, Salbei oder auch Rosmarin sehr gut geeignet. Achten Sie beim Einkauf auf frostharte Saaten und lassen Sie sich beraten. Im ersten Jahr entsteht grob die gewünschte Form und diese wird in den Folgejahren durch den regelmäßigen Nachschnitt verfeinert.

EIN HOCHSTÄMMCHEN ERZIEHEN: Rosmarin verholzt leicht und ist daher zur Anzucht eines Hochstämmchens sehr gut geeignet: Zuerst wird ein starker, senkrecht aufstrebender Trieb ausgewählt und mit einem Stab fixiert. Alle Seitentriebe werden entfernt, sodass die Wachstumskraft der Pflanze auf den Haupttrieb geleitet wird. Hat das Stämmchen die gewünschte Höhe erreicht, stutzt man den Haupttrieb – so kann sich eine Krone bilden. Ein regelmäßiger Rückschnitt erhält die Form.

UNERWÜNSCHTE KRÄUTER

Wachsen lassen oder vernichten?

Wildkräuter im Garten sind nicht überall beliebt. Oft werden sie schonungslos bekämpft, um den Kulturpflanzen mehr Raum, Wasser und Nahrung zu beschaffen. Doch nicht jedes Wildkraut ist gleichzeitig auch Unkraut, viele können uns auch von Nutzen sein.

[1.]

[2.]

[3.]

EINJÄHRIG UND UNERWÜNSCHT

Viele Wildkräuter wie die Vogelmiere oder das Springkraut sind einjährig und bringen mehrjährige Kräuter kaum in Bedrängnis. Um die Ausbreitung dieser Wildkräuter zu verhindern, reicht es meist, sie vor der Samenreife zu entfernen.

Etwas mehr Aufmerksamkeit erfordert die Pflege von Saatbeeten. Damit die Keimlinge schön wachsen, sollten Wildkräuter von Anfang an entfernt werden. Hier hilft das regelmäßige Hacken, so werden keimende Wildkräuter gestört und Sie tun gleichzeitig etwas für den Wasserhaushalt Ihres Gartenbodens.

SIE SIND AUSDAUERND

Etwas schwieriger wird es bei mehrjährigen Wildkräutern. Sie bilden oft sehr starke Wurzeln und säen sich auch noch aus. Löwenzahn, Brennnesseln oder Gundermann zeigen in der Regel gesunde Böden an, doch im Kräuterbeet wirken sie meist störend. Während Gundermann wegen seiner feinen Wurzeln sehr gut durch Jäten zu entfernen ist, hilft bei den starkwüchsigen Wurzeln des Löwenzahns oder der Brennnessel nur deren vollständige Entfernung. Noch schlimmer sind Wurzelunkräuter wie Quecke, Schachtelhalm oder Giersch. Wo sie auftreten, sind sie stark wuchernd und breiten sich schnell unterirdisch aus. Diese Pflanzen bringen unsere Kräuter arg in Bedrängnis und passen Sie nicht auf, ist der Garten schnell voll davon.

Bei der Bekämpfung ist es besonders wichtig, alle Wurzeln zu entfernen, denn bleiben sie im Boden, treiben die Wurzelunkräuter immer wieder aus.

RAUS MIT DEN WURZELN

Wenn Sie ein Kräuterbeet neu anlegen, sollten Sie die Wurzelunkräuter vorher gründlich entfernen. Graben Sie tief und sieben Sie möglichst alle Wurzeln aus. Ist Ihr Garten alt und verwildert, lohnt es sich häufig, das neue, noch nicht bepflanzte Kräuterbeet mit dunkler Kunststofffolie abzudecken. Die Wurzeln wandern nach oben und können nach Entfernung der Folie vollständig von der Erde abgesammelt werden. Ist das Beet einmal sauber, hilft regelmäßiges Hacken. Mehrjährige Kräuter werden durch eine dicke Mulchschicht gut vor Wildkräutern geschützt.

[4.] [5.] [6.]

ERNTEN STATT VERNICHTEN

Wildkraut	Vorkommen	Ausbreitung	Nutzen
Acker-Schachtelhalm [→ 1.]	verdichtete Böden mit wenig Humus	tiefreichendes Wurzelsystem	als Tee zur Spülung bei Harnwegs- und Nieren-infekten
Brennnessel [→ 2.]	sehr nährstoffreiche Böden	durch lange Wurzeln stark wuchernd, Selbstaussaat	junge Blätter als Salat, Suppe oder Spinat, oberirdische Pflanzenteile als entwässernder Tee
Giersch [→ 3.]	nahrhafte, feuchte, etwas schattige Plätze	durch lange Rhizome stark wuchernd, Selbstaussaat	junge Blätter als Salat, Suppe oder Spinat, entgiftend
Gundermann [→ 4.]	nahrhafte, frische Böden	lange Wurzelausläufer	junge Blätter als Salatbeigabe, oberirdische Pflanzenteile als harntreibender Tee
Knoblauchsrauke	durchlässige, nährstoffreiche Böden	Selbstaussaat	junge Blätter als Salatbeigabe, Blätter und Stängel als entzündungshemmender Tee oder für Umschläge
Löwenzahn [→ 5.]	bevorzugt schwere Böden	Selbstaussaat, durch oberflächliches Jäten wird Wurzelwachstum angeregt	junge Blätter als Salat, ganze Pflanze als entwässernder Tee
Quecke [→ 6.]	nährstoffreiche, teilweise ermüdete Acker-böden	Selbstaussaat, durch unterirdische Ausläufer	als harntreibender Tee
Spitz-Wegerich	trockene Böden	Selbstaussaat	Blätter als Wundauflage bei Insektenstichen oder kleinen Wunden

DIE PFLANZENBRÜHE REGELMÄSSIG UMRÜHREN.

DAS IST
wirklich
WICHTIG

[a] ZUR HERSTELLUNG von Pflanzenbrühe werden zunächst frische Kräuter gesammelt und klein geschnitten. Ein geeignetes Gefäß wie Topf, Wanne oder auch eine kleine Tonne wird ausgespült und etwa zur Hälfte mit den Kräutern gefüllt.

[b] FÜLLEN SIE DAS GEFÄSS mit Wasser, am besten Regenwasser, auf und decken Sie es mit einem Deckel oder Sieb ab, damit Kleintiere oder Vögel nicht gefährdet werden. Ist beides nicht vorhanden, hilft auch Kaninchendraht.

[c] DIE BRÜHE muss wenigstens zwei Wochen gären und wird dabei gelegentlich umgerührt. Doch Vorsicht, die Brühe stinkt!

[d] NACH ETWA ZWEI WOCHEN ist die Brühe fertig vergoren. Sie erkennen das an der dunklen Farbe. Die Brühe wird durch ein grobes Sieb filtriert und kann danach verwendet werden.

[e] ZUM AUSBRINGEN wird die Brühe im Verhältnis 1:10 verdünnt und im Garten vergossen oder auf die Pflanzen gespritzt.

VORBEUGEN HILFT

Für gesunde Pflanzen

Bei den Pflanzen ist es wie bei Menschen und Tieren: je ausgewogener die Versorgung, umso seltener entstehen Krankheiten. Achten Sie bitte stets darauf, Ihre Kräuter gut zu behandeln – viel Freude und großer Nutzen sind später der Dank.

STÄRKUNG DURCH KRÄUTERBRÜHEN

Für ein gesundes Wachstum benötigen Pflanzen optimale Wachstumsbedingungen: den richtigen Boden, ausreichend Wasser und Nährstoffe, die richtigen Temperaturen und ausreichend Licht. Fehlt etwas oder ist etwas zu viel, stockt das Wachstum und die Pflanzen verlieren an Widerstandsfähigkeit. So werden sie anfällig für Krankheiten und Schädlinge. Kräuter sind von Natur aus sehr robust und doch treten durch Kulturfehler oder ungünstige Witterung manchmal Krankheiten auf. Erstes Gebot ist dann die Stärkung der Pflanzen und dabei leisten uns Kräuterbrühen einen großen Dienst.

BRÜHE ANSETZEN – SO GEHT'S

Eine Brühe kann mit ganz unterschiedlichen Pflanzen angesetzt werden. Lavendel, Thymian und Salbei schützen vor Schädlingen, Rainfarn und Schachtelhalm wirken vorbeugend gegen Pilzkrankheiten. Brennnesseljauche ist Dünger und Spritzmittel in einem und Beinwell versorgt alle Pflanzen mit Nährstoffen.
Zum Herstellen einer Brühe oder Jauche benötigen Sie zunächst ein ausreichend großes Gefäß. Dieses sollte aus Kunststoff, Emaille oder Holz gefertigt sein, denn ein Gefäß aus Metall kann während der Gärung ungünstige chemische Reaktionen auslösen. Füllen Sie das Gefäß zunächst zur Hälfte mit klein geschnittenen, frischen Kräutern [→ a] und füllen Sie es dann mit Wasser auf. Am besten ist abgestandenes, warmes Regenwasser geeignet. Anschließend wird das Gefäß mit einem Gitter abgedeckt [→ b]. So ist die Brühe während der Gärung gut belüftet und es können keine kleinen Tiere oder Vögel zu Schaden kommen. Während der Gärung wird gelegentlich umgerührt [→ c]. Nach etwa zwei Wochen hat die Brühe eine dunkle Farbe angenommen. Dann wird sie abgeseiht [→ d]. Vor dem Ausbringen sollte die Brühe unbedingt im Verhältnis von 1:10 verdünnt werden [→ e], bevor sie auf die Pflanzen gespritzt oder gegossen wird.

PFLANZENBRÜHEN UND IHRE WIRKUNG

Pflanze	Wirkung
Acker-Schachtelhalm	enthält Kieselsäure, stärkend für alle Pflanzen, gegen Pilzerkrankungen
Beinwell	enthält viel Stickstoff und Kali, stärkend für alle Pflanzen
Brennnessel	enthält Stickstoff, fördert das Wachstum, hilft gegen Läuse und Spinnmilben
Knoblauch	gegen Pilzkrankheiten, besonders den Echten und auch Falschen Mehltau
Lavendel, Salbei, Thymian	ätherische Öle wirken gegen saugende Insekten und Schnecken
Rainfarn	gegen Milben und Pilzkrankheiten
Wermut	gegen Ameisen und Raupen
Zwiebel	gegen Milben und Pilzkrankheiten

[1.]

[2.]

[3.]

KRANKE PFLANZEN

Was ist zu tun?

Kräuter sind wüchsig und meistens gesund. Sind sie stets gut versorgt, ist kaum mit Krankheiten zu rechnen. Und doch sollte der Kräutergärtner, die wichtigsten Krankheiten erkennen und behandeln können.

BAKTERIEN [1.]

Beschreibung: Bakterien sind winzig klein und bestehen aus einer einzigen Zelle. Sie vermehren sich bei Wärme sehr rasch. Meist dringen sie durch Wunden und Spaltöffnungen in die Pflanzen ein. Dort vermehren sie sich explosionsartig, was meist eine Verstopfung der Leitungsbahnen zur Folge hat und zu Welkeerscheinungen oberhalb der Befallsstellen und damit zum Absterben der Pflanze führt. Auch Zellwucherungen wie Kropfbildung oder Nassfäule können die Folge von Bakterienbefall sein.
Vorbeugen: Wichtigste Maßnahme ist die strenge Hygiene. Messer, Scheren, Schalen und Töpfe müssen stets sauber sein, besser noch regelmäßig desinfiziert werden.
Bekämpfen: Bakterien sind nicht zu bekämpfen, es hilft nur das Vernichten von allen befallenen Pflanzen. Bitte nicht auf den Kompost werfen, sondern direkt in den Hausmüll!

ECHTER MEHLTAU [2.]

Beschreibung: Diese Pilzkrankheit kommt bei uns recht häufig vor. Der Pilz überzieht Blätter, Stängel und Früchte mit einem weißen, mehlartigen Belag. Die Folge sind Wachstumsstörungen und Verkrümmungen. Das weiße Pilzmyzel verbreitet sich netzartig über die Pflanze und zapft die Oberhautzellen an. Die Pflanze verliert Nährstoffe und die befallenen Pflanzenteile sterben im Extremfall ab.
Vorbeugen: Vermeiden Sie Temperaturschwankungen und zu viel Feuchtigkeit, sie begünstigen den Echten Mehltau. Bitte gießen Sie Ihre Kräuter nur im Ausnahmefall am Abend. Wichtig ist, dass alle Blätter abgetrocknet sind, sobald es dunkel wird.
Bekämpfen: Kommt es doch zum Befall, hilft Knoblauch. Er wird zwischen die anderen Kräuter gepflanzt oder auch zu Brühe verarbeitet und anschließend auf die befallenen Pflanzen gesprüht. Hilfreich sind auch Brühen aus Wermut oder Rainfarn.

FALSCHER MEHLTAU [3.]

Beschreibung: Im Gegensatz zum Echten Mehltau befällt der Falsche Mehltau immer die Blattunterseiten der Pflanzen. Dort breitet sich ein grauer Schimmelrasen in recht kompakten Flächen aus. Auf den Blattoberseiten kommt es erst zu gelblichen Fleckenbildungen und später zu orangen bis roten Verfärbungen. Bei starkem Befall verlieren die erkrankten Pflanzen viele Blätter. Der Falsche Mehltau ist ein „Innenpilz" und dringt durch die Spaltöffnungen auf der Blattunterseite in das Gewebe ein. Dort breitet er sich stark aus und bildet zahlreiche Sporen.

Vorbeugen: Gute Belüftung, ein nicht allzu dichter Pflanzenbestand und kaliumbetonte Düngung machen die Pflanzen robust und widerstandsfähig gegenüber Falschem Mehltau.

Bekämpfen: Falscher Mehltau ist am besten mechanisch zu bekämpfen. Eine Pflanzenbrühe mit Knoblauch oder Wermut hilft.

RUSSTAUPILZE [4.]

Beschreibung: Auf den Oberseiten von Blättern, Stielen und Blüten sind schwarze, dichte, zum Teil großflächige Pilzgeflechte zu sehen. Die Fotosyntheseleistung der Pflanzen wird gehemmt, die Pflanzen beginnen zu schwächeln und werden unansehnlich. Ursache für den Befall mit Rußtaupilzen sind immer Schadinsekten wie Blattläuse, Weiße Fliegen oder Schildläuse. Sie scheiden klebrigen Honigtau aus, der auf den Pflanzen haftet und den Rußtaupilzen Nahrung bietet.

Vorbeugen: Um den Befall durch Rußtaupilze zu verhindern, hilft es nur, die Pflanzen frei von Schadinsekten zu halten. Das Pflanzen von Mischkulturen oder das Ausbringen von Pflanzenbrühe kann dabei hilfreich sein.

Bekämpfen: Kommt es doch zum Befall, müssen die stark befallenen Pflanzenteile entfernt werden. Anschließend werden die Pflanzen mit klarem Wasser abgewaschen. Die verursachenden Schädlinge müssen bekämpft werden.

GRAUSCHIMMEL [5.]

Beschreibung: Der Grauschimmel, Botrytis, ist eine Pilzerkrankung, die in der Pflanzenanzucht sehr weit verbreitet ist. Die Ursache für einen Befall ist meist ein zu enger Pflanzenbestand in Kombination mit zu wenig Luftbewegung. Zu viel Stickstoff im Boden schwächt die Pflanzen zusätzlich und begünstigt den Befall. Die Folge sind braune Faulstellen an Blättern oder Blüten, die mit einem grauen Pilzrasen überzogen sind.

Vorbeugen: Geben Sie den Pflanzen viel Luft und Platz. Stellen bzw. pflanzen Sie sie weit auseinander und gießen Sie sie vorsichtig und nicht zu spät abends. Wichtig dabei ist, dass die Blätter schnell trocknen können. Eine kaliumbetonte Düngung stärkt die Pflanzen zusätzlich.

Bekämpfen: Kommt es zum Befall, hilft das Sprühen mit Rainfarn-, Schachtelhalm-, Knoblauch- oder Wermutbrühe.

ROSTKRANKHEITEN [6.]

Beschreibung: Rostkrankheiten werden von Pilzen verursacht und breiten sich von der Blattunterseite her aus. Zuerst erscheinen nur punktförmige, rostbraune Pusteln, die sich im Laufe der Zeit zu größeren Ringen oder Flecken ausdehnen. Auf der Blattoberseite gibt es zunächst gelbliche Flecken, die später braun werden. Die Pusteln sind Sporenträger des Pilzes, der den Zellen lebenswichtige Nährstoffe entzieht. Die Pflanzen werden geschwächt und nicht selten führt Rost zum Absterben der Pflanzen.

Vorbeugen: Pflanzenstärkende Maßnahmen wie Acker-Schachtelhalmbrühe oder eine kaliumbetonte Düngung können sehr hilfreich sein.

Bekämpfen: Zur Bekämpfung der Krankheit ist es besonders wichtig, dass alle befallenen Pflanzenteile entfernt und in der Hausmülltonne entsorgt werden. Bei akutem Befall helfen Spritzungen mit Brühe aus Rainfarn, Knoblauch oder Wermut.

[4.]

[5.]

[6.]

VIREN sind von allen Krankheitserregern die kleinsten. Ein Befall führt häufig zu Blattverfärbungen und Deformationen. Die Übertragung erfolgt meist durch Läuse, Milben, Wanzen oder den Einsatz von infizierten Werkzeugen. Virosen sind nicht heilbar. Alle befallenen Pflanzen müssen sofort über die Hausmülltonne entsorgt werden.

[1.]

[2.]

[3.]

SCHÄDLINGE
und Nützlinge im Garten

Leuchtende Blüten und herrliche Düfte ziehen Bienen und Schmetterlinge und andere Nützlinge wie Marienkäfer, Florfliegen, Schwebfliegen an. Nützlinge sind für das biologische Gleichgewicht auch in Ihrem Garten wichtig.

BLATTLÄUSE [1.]

Beschreibung: Die verschiedenen Blattlausarten sind die am häufigsten vorkommenden Schädlinge – es gibt sie in unterschiedlichen Größen und Farben. Ihre Vermehrung erfolgt durch Eiablage im Winter bis Frühjahr und im Sommer gebären sie ohne erneute Befruchtung lebende Nachkommen. Blattläuse sitzen meist unter den Blättern frischer Triebe und saugen dort Pflanzensaft. Als Folge rollen sich die Blätter ein und die Pflanzen bleiben im Wachstum zurück. Blattläuse übertragen Viren und scheiden Honigtau aus. Dieser bildet die Grundlage für Folgeerkrankungen wie Rußtaupilze.

Vorbeugen: In gut durchmischten und abwechslungsreich bepflanzten, blühenden Kräutergärten sind Blattläuse recht selten.

Bekämpfen: Bei stärkerem Auftreten von Blattläusen hilft die mehrfache Behandlung mit Brennnessel- oder Wermutbrühe. Natürliche Gegenspieler der Blattläuse sind Marienkäfer, Gallmücken, Raubwanzen und Minierfliegen.

SCHILDLÄUSE UND WOLLLÄUSE [2.]

Beschreibung: Alle Schildlausarten haben eines gemeinsam: Es handelt sich um flache, bräunliche Insekten mit Panzern. Sie befallen eine Vielzahl von Pflanzen. Ihre Vermehrung erfolgt durch Eier, die unter den Schilden abgelegt werden. Die Jungtiere sind beweglich und breiten sich auf der ganzen Pflanze aus. Meist sitzen sie auf der Unterseite von Blättern oder an holzigen Trieben. Dort saugen sie Pflanzensäfte und scheiden Honigtau aus, die Folge ist die Ansiedlung von Rußtaupilzen. Auch Woll- oder Schmierläuse gehören zu den Schildläusen. Sie haben keinen Panzer und leben unter den Blättern hartlaubiger Gehölze. Durch ihre Saugtätigkeit verursachen sie Fleckenbildung und Kümmerwuchs.

Vorbeugen: Schild- und Wollläuse sind meist ein Problem im Winterquartier. Abhilfe schaffen kühle Temperaturen und ausreichend Licht und Luft.

Bekämpfen: Alle Schildlausarten werden am besten durch wiederholte Spritzung mit Mineralölpräparaten aus dem Fachhandel für Gartenbau behandelt. Bitte wenden Sie das Präparat wenigstens drei Mal im Abstand von vier Wochen an, so werden auch die Nachkommen der Schildläuse sicher bekämpft.

WEISSE FLIEGE [3.]

Beschreibung: Die Weiße Fliege, auch Mottenschildlaus genannt, ist der Blatt- und der Schildlaus nahe verwandt. Ihre Vermehrung erfolgt durch Eier, die auf der Blattunterseite befestigt werden. Die Weiße Fliege schädigt die Blätter von unten durch Saugen, blattoberseits sind zuerst nur kleine gelbe Flecken zu sehen. Später vergilbt das ganze Blatt. Trockenes, warmes Klima begünstigt die Entwicklung der Insekten.
Vorbeugen: Sorgen Sie für möglichst feuchte Luft.
Bekämpfen: Im Zimmer oder Gewächshaus können Gelbtafeln als Lockfalle dienen.

SPINNMILBEN [4.]

Beschreibung: Spinnmilben verursachen starke Saugschäden, doch diese sind meist erst spät zu erkennen. Zuerst fällt an Blättern und Blüten ein fahler Farbton auf. Die Blätter sind mit weißgelben Punkten besprenkelt und bei starkem Befall mit einem feinen Spinngewebe überzogen. Die meist rötlichen Spinnmilben sind sehr klein und mit dem bloßen Auge kaum zu erkennen.
Vorbeugen: Sorgen Sie für möglichst feuchte Luft, da Spinnmilben es trocken mögen.
Bekämpfen: Bei der Bekämpfung helfen Nützlinge wie Raubmilben, Gallmücken oder Minierfliegen.

RAUPEN [5.]

Beschreibung: Unregelmäßiger Lochfraß oder auch Blattrand- bis Kahlfraß deuten auf den Befall von Raupen hin. Grüne bis braune Kothäufchen geben die letzte Sicherheit. Raupen sind Larven von verschiedenen Schmetterlingsarten, die ihre Eier in der Vegetationszeit an den Blattunterseiten der Pflanzen abgelegt haben.
Vorbeugen: Kontrollieren Sie die Pflanzenbestände regelmäßig und untersuchen Sie auch gelegentlich die Erde (Erdraupen).
Bekämpfen: Nach dem Auffinden der ersten Fraßstellen sind regelmäßige Kontrollen notwendig. Bei kühler Witterung werden die befallenen Pflanzen morgens einfach geschüttelt. Die Raupen fallen dann leicht ab und können aufgesammelt werden.

SCHNECKEN [6.]

Beschreibung: Fraßstellen und zusätzliche Schleimspuren deuten immer auf Schneckenbefall hin. Schnecken fressen an Blättern und Blüten und hinterlassen im Frühjahr oft den Totalschaden. Sie sind nachtaktiv und fressen auch an trüben Tagen.
Vorbeugen: Reisig-, Laub- und Totholzhaufen bieten Igeln Unterschlupf, die nachts auf Schneckenjagd im Garten gehen. Eidechsen bevorzugen sonnige Steinhaufen.
Bekämpfen: Schnecken werden am besten durch Absammeln reduziert.

INSEKTENHOTELS bieten nützlichen Insekten wie Marienkäfern, Florfliegen und Schwebfliegen Unterschlupf. Fühlen diese sich in Ihrem Garten wohl, vertilgen sie und auch ihre Larven Unmengen schädlicher Insekten. Viele Kräuter locken Nützlinge an, pflanzen Sie sie am besten im Garten verteilt: Dill, Goldrute, Liebstöckel, Ringelblume, Römische Kamille, Schafgarbe, Süßdolde, Tausendgüldenkraut. Auch Vögel vertilgen eine beachtenswerte Anzahl an Schadinsekten. Nisthilfen können helfen, Vögel wie Spatzen, Meisen, Hausrotschwanz & Co. dauerhaft im Garten anzusiedeln.

[4.]

[5.]

[6.]

DIE SCHNITT-STELLEN DÜRFEN NICHT GEQUETSCHT WERDEN.

[a]

DAS IST
wirklich
WICHTIG

[b]

[a] STECKLINGE fallen bei jedem Rückschnitt an. Sie sollten frisch sein und noch keine Blüten angesetzt haben.

[b] JEDER ABGESCHNITTENE TRIEB ergibt einen Kopfsteckling (links) und mindestens einen Teilsteckling (rechts). Die Stecklinge dürfen nicht zu weich, aber auch noch nicht verholzt sein.

[c]

[d]

[e]

[c] VOR DEM STECKEN wird ein Gefäß mit Anzuchterde gefüllt und leicht angefeuchtet. Ist ein Steckling zu weich, wird mit einem Stäbchen vorsichtig ein Loch in die Erde gebohrt.

[d] DIE STECKLINGE WERDEN VORSICHTIG in die Erde oder das gebohrte Loch gesteckt und etwas angedrückt, ohne die Sprossen abzuknicken oder zu zerquetschen, das heißt, mit den Fingern wird von mindestens zwei Seiten etwas Erde an den Steckling gedrückt. Mit einer feinen Brause werden die Stecklinge vorsichtig angegossen. Kippen sie um, wurde die Erde nicht fest genug angedrückt.

[e] UM DIE LUFTFEUCHTIGKEIT ZU ERHÖHEN, sollten die Stecklinge bis zum Bewurzeln mit einer durchsichtigen Haube abgedeckt werden.

[f] EIERKARTONS sind prima als kleine Kulturgefäße für Stecklingen geeignet. Nach dem Bewurzeln der Stecklinge werden sie einfach mit ausgepflanzt und lösen sich im Laufe der Zeit auf.

STECKLINGE
Vermehren leicht gemacht

Bei vielen Kräutern ist die vegetative Vermehrung durch Pflanzenteile, sogenannte Stecklinge, gut durchzuführen. Sie ist effektiv und garantiert, dass die Jungpflanzen ihren Mutterpflanzen gleichen.

[f]

WAS IST EIN STECKLING?
Jede Pflanze liefert zahlreiche Kopf-oder Teilstecklinge [→ b]. Meist fallen sie beim Rückschnitt an, sie können aber auch extra für die Vermehrung geschnitten werden. Kopfstecklinge sind Triebspitzen von Zweigen mit drei bis vier Blattpaaren, Teilstecklinge sind die darunter liegenden Teile des Triebes. Alle Stecklinge müssen frisch geschnitten werden und gesund sein. Sie bewurzeln nur, wenn sie gut ausgewachsen und nicht verholzt sind.

SCHRITT FÜR SCHRITT
Das ideale Schnittwerkzeug ist ein Stecklingsmesser, ein Messer mit einseitig geschliffener Klinge. Richtig angewendet, schneidet es glatt, ohne das Pflanzengewebe zu quetschen. Eine Schere ist dafür nicht geeignet.
Gesteckt wird in nährstoffarme Aussaaterde, denn die Nährsalze in gut gedüngter Gartenerde würden die jungen Wurzeln sofort verbrennen. Neue oder gut gereinigte Töpfe oder Schalen werden mit der Erde gefüllt [→ c]. Diese wird leicht angedrückt und ausreichend gewässert. Anschließend werden die

Stecklinge vorsichtig in die Erde gesteckt und leicht angedrückt [→ d]. Alle Stecklinge sollten unbedingt vorsichtig gegossen werden. Überprüfen Sie, ob alle Pflanzenteile fest in der Erde sitzen. Nur so ist eine optimale Versorgung der Stecklinge mit Wasser gesichert.

DER RICHTIGE PLATZ
Zum Bewurzeln benötigen Stecklinge hohe Luftfeuchtigkeit, Licht und viel Wärme. Am besten stehen sie daher auf einer warmen Fensterbank. Zur Erhöhung der Luftfeuchtigkeit können sie mit Glas, durchsichtigen Kunststoffhauben oder Gefrierbeuteln abgedeckt werden [→ e]. Nach ein bis zwei Wochen fangen die ersten Stecklinge an, Wurzeln zu bilden. Sie können das sehr einfach feststellen, indem Sie vorsichtig an dem Steckling ziehen. Sitzt er schön fest, können Sie davon ausgehen, dass die ersten Wurzeln gewachsen sind. Ist das geschehen, sollten die Pflanzen jeden Tag ein wenig gelüftet werden und nach einer Woche kann die Abdeckung schließlich ganz entfernt werden.

STECKLINGE IM WASSERGLAS: Viele Stecklinge bewurzeln sehr gut, wenn sie in einem Wasserglas stehen. Der Pflegeaufwand ist überschaubar, Sie müssen nur gelegentlich das Wasser wechseln und eventuell faulende Pflanzenteile vom Steckling entfernen. Wenn die ersten Wurzeln zu erkennen sind, kann der Steckling eingepflanzt werden.

[a]

[b]

MIT EINER KLEINEN ASTGABEL FIXIEREN.
[c]

[d]

[e]

[f]

[g]

DAS IST
wirklich
WICHTIG

[a+b] ZUR WURZELTEILUNG wird der Wurzelballen ausgegraben, geteilt und neu eingepflanzt.

[c] DER FREIGELEGTE AUSLÄUFER wird auf der Erde fixiert.

[d+e] VERHOLZENDE KRÄUTER lassen sich leicht durch Absenker vermehren. Dafür einzelne Triebe anritzen, nach unten biegen und an der Schnittstelle mit Erde bedecken. Bis zur Bewurzelung muss die Erde feucht gehalten werden.

[f+g] DIE VERMEHRUNG DURCH WURZEL-SCHNITTLINGE erfolgt im Herbst. Wurzeln werden ausgegraben, in kleinere Stücke geteilt und in ein vorbereitetes Beet gesetzt.

NOCH MEHR KRÄUTER

Teilung, Ausläufer, Absenker & Co.

Es gibt noch andere Methoden der vegetativen Vermehrung. Auch Wurzelteilung, Ausläufer, Absenker und Wurzelschnittlinge liefern uns sicher junge Pflanzen, die ihren Eltern exakt gleichen.

WURZELTEILUNG

Viele unserer mehrjährigen, nicht verholzenden Kräuter wie Melisse oder Oregano kann man einfach durch Teilung vermehren. Dazu wird der Wurzelballen ausgegraben [→ a], mit dem Spaten oder den Händen [→ b], geteilt und neu wieder gepflanzt. Auf diese Weise erhält man sehr schnell starke Pflanzen. Bester Zeitpunkt zum Teilen ist der Herbst oder das Frühjahr.

AUSLÄUFER

Einige Kräuter bilden zahlreiche Ausläufer und auch diese kann der Kräutergärtner nutzen. Minzen werden zum Beispiel gern so vermehrt. Während der ganzen Vegetationsperiode von Frühling bis Herbst können Ausläufer in mit Erde gefüllte Töpfe gelegt werden. Dort werden sie mit einer Astgabel, Draht oder Erde fixiert [→ c] und später, wenn sie bewurzelt sind, von der Mutterpflanze abgetrennt.

ABSENKER

Viele mediterrane Kräuter wie Lavendel, Ysop oder Salbei sind Halbsträucher. Sie verholzen und lassen sich durch Absenker erfolgreich vermehren. Die Vermehrung durch Absenker er-folgt am besten im Sommer. Dazu wählen Sie einen geeigneten Seitentrieb und ritzen Rinde und Holz auf der Unterseite mit einem sauberen Schnitt an [→ d]. Anschließend wird der Trieb vorsichtig nach unten gebogen und die angeritzte Stelle wird mit Draht auf der Erdoberfläche fixiert [→ e]. Dann wird der Absenker gut mit Erde abgedeckt und diese immer feucht gehalten. Nach einiger Zeit sind an der Schnittstelle neue Wurzeln gewachsen – jetzt wird der Absenker endgültig von der Mutterpflanze abgetrennt und umgepflanzt.

WURZELSCHNITTLINGE

Kräuter mit Wurzelausläufern und Kräuter mit Pfahlwurzeln, wie Meerrettich oder Beinwell werden durch Wurzelschnittlinge vermehrt. Der beste Zeitpunkt ist im Herbst. Dazu werden Wurzelstücke ausgegraben und in etwa 4 cm lange Stücke geteilt [→ f]. Ideal sind Abschnitte mit einer winzigen Knospe. Die Wurzelstücke werden im Freiland oder in einer mit Anzuchterde gefüllten Schale eingegraben [→ g] und gut gewässert. Bis sich die ersten Austriebe zeigen, wird die Erde stets feucht gehalten. Haben die Jungpflanzen genügend Blätter gebildet, werden sie in Töpfe oder direkt an ihren endgültigen Platz im Beet umgesetzt.

VERJÜNGUNGSKUR FÜR KRÄUTER: Viele mehrjährige Kräuter wie Ysop, Salbei oder Minze vergreisen, wenn sie nicht gelegentlich verjüngt werden. Die Vermehrung durch Teilung, Wurzelschnittlinge, Ausläufer oder Absenker sorgt stets für junge Pflanzen mit denselben Eigenschaften wie ihre Eltern. Sie werden besonders vital, wenn sie an einen neuen Standort gepflanzt werden.

KRÄUTER VERMEHREN

Auf einen Blick

Die Vermehrung von Kräutern ist einfach. Wichtig ist zu wissen, welche Kräuter sich wie vermehren lassen. Dann heißt es nur, den richtigen Zeitpunkt abzuwarten, Erde und Töpfe bereitzuhalten und schon geht es los!

DER BESTE ZEITPUNKT

Kräuter werden auf recht unterschiedliche Weise vermehrt. Die Vermehrung durch Aussaat zum Beispiel geht recht schnell und ergibt viele Pflanzen bei wenig Aufwand. Aussaaten werden am besten im Frühjahr oder Frühsommer gemacht, in Ausnahmefällen auch im Herbst (Frostkeimer). Stecklinge hingegen werden etwas später gesteckt, am besten im Sommer. Erst dann sind die Triebe ausgewachsen und nicht mehr ganz weich. Der Sommer ist auch die beste Zeit für die Vermehrung durch Absenker oder Ausläufer. Die Wurzelteilung oder die Vermehrung durch Wurzelschnittlinge erfolgt dann im Herbst, wenn sich die Pflanzen schon zurückgezogen haben. Die Teilung kann alternativ auch im Frühjahr, vor dem Austrieb, erfolgen.

KRAUT	AUSSAAT	STECKLING	TEILUNG	ABSENKER	AUSLÄUFER	BRUTZWIEBELN
Andorn	✳	✳	✳			
Anisysop	✳	✳	✳	✳		
Basilikum	✳ Lichtkeimer					
Borretsch	✳					
Brunnenkresse	✳ Lichtkeimer					
Dill	✳ Lichtkeimer					
Diptam-Dost	✳	✳		✳		
Duftgeranie		✳				
Eberraute		✳		✳		
Erdbeere, Wald-			✳		✳	
Estragon, Französischer		✳			✳	
Estragon, Russischer	✳ Lichtkeimer	✳				
Färber-Distel	✳					
Färber-Hundskamille	✳ Lichtkeimer	✳	✳			
Fenchel, Gewürz-	✳		✳			
Frauenmantel	✳		✳			
Indianernessel	✳	✳	✳			
Ingwer			✳			
Johanniskraut, Tüpfel-	✳		✳			
Kamille, Echte	✳ Lichtkeimer					
Kapuzinerkresse	✳					
Katzenminze	✳ Lichtkeimer	✳	✳	✳		
Kerbel	✳ Lichtkeimer					
Knoblauch						✳
Koriander	✳					
Kresse, Garten-Kresse	✳ Lichtkeimer					
Kümmel	✳ Lichtkeimer					

KRAUT	AUSSAAT	STECKLING	TEILUNG	ABSENKER	AUSLÄUFER	BRUTZWIEBELN
Lavendel	✳ Lichtkeimer	✳				
Liebstöckel	✳		✳			
Lungenkraut	✳		✳			
Majoran	✳ Lichtkeimer					
Malve, Wilde	✳					
Mariendistel	✳					
Melisse, Zitronen-	✳ Lichtkeimer	✳	✳			
Minzen		✳			✳	
Nachtkerze	✳ Lichtkeimer					
Oregano, Dost	✳ Lichtkeimer		✳			
Petersilie	✳					
Pimpinelle, Kleine	✳		✳			
Ringelblume	✳					
Rosmarin		✳		✳		
Salbei, Echter	✳	✳		✳		
Salbei, Muskateller-	✳					
Schafgarbe	✳ Lichtkeimer		✳			
Schlüsselblume	✳ Lichtkeimer		✳			
Schnittlauch	✳		✳			
Schwarzkümmel	✳					
Schwarznessel, Shiso	✳ Lichtkeimer	✳				
Seifenkraut	✳ Lichtkeimer	✳				
Sommer-Bohnenkraut	✳ Lichtkeimer					
Thymian, Echter	✳ Lichtkeimer	✳		✳		
Veilchen, Duft-	✳	✳	✳			
Waldmeister	✳ Frostkeimer		✳			
Wegwarte	✳		✳			
Wein-Raute	✳ Lichtkeimer	✳		✳		
Wermut, Echter	✳ Lichtkeimer	✳				
Ysop	✳ Lichtkeimer	✳		✳		
Zitronengras			✳			
Zitronenverbene			✳	✳		

SAATGUT BLEIBT LANGE KEIMFÄHIG, wenn es richtig gelagert wird. Haben Sie das Saatgut im Fachhandel erworben, ist es meist in Keimschutzpackungen verpackt. Nach der Aussaat werden die Reste in die Verpackung zurückgegeben und diese wird gut verschlossen. Selbst geerntetes Saatgut wird nach dem Trocknen und nach der Reinigung am einfachsten in Papiertüten verpackt, die mit Pflanzennamen, eventuell Sorte und Datum, beschriftet werden. Egal ob Keimschutzverpackung oder Papiertüte, wird Saatgut vor Licht geschützt, warm und trocken gelagert, bleibt es am längsten keimfähig.

[a]

[b]

DAS ABDECK-
MATERIAL
MUSS LUFT-
DURCHLÄS-
SIG SEIN.

[c]

[d]

[e]

DAS IST
wirklich
WICHTIG

[a] WINTERSCHUTZ sollte gut vorbereitet werden. Legen Sie sich Abdeckmaterialien wie Fichtenzweige, Jutesäcke, Ballentücher und Holzklötzchen bereit.

[b] MEDITERRANE KRÄUTER, die im Garten ausgepflanzt wurden, benötigen in ungünstigen Lagen Winterschutz, am besten eine Abdeckung mit Fichtenzweigen.

[c] TÖPFE mit empfindlichen Kräutern, die im Freiland überwintert werden sollen, müssen gut eingepackt und auf Holzklötzchen gestellt werden.

[d] FRÜHBEETKÄSTEN halten die strengsten Fröste ab und sind daher geeignet für die Überwinterung von Jungpflanzen oder Topfkräutern. Gießen Sie die Pflanzen ab und zu.

[e] FROSTEMPFINDLICHE KRÄUTER in Töpfen überwintern in frostfreien, hellen Räumen, zum Beispiel im Treppenhaus, Wintergarten oder eventuell im Keller.

KRÄUTER IM WINTER

Gut geschützt

Viele Kräuter stammen ursprünglich aus wärmeren Regionen, beispielsweise aus den Mittelmeerländern, und tun sich bei uns im Winter sehr schwer mit den kalten Temperaturen. Sie brauchen Wind- und Frostschutz und müssen teilweise sogar im Haus überwintern.

ÜBERWINTERN IM FREILAND

Mehrjährige Halbsträucher des Mittelmeerraumes wie Lavendel oder Salbei können gut im Freiland überwintern. Wichtig sind etwas Windschutz und keine staunassen Böden. Und trotzdem darf die Erde nicht über einen längeren Zeitraum austrocknen, die Kräuter könnten sonst während einer langen Frostperiode vertrocknen. Halbsträucher fangen in der ersten Frühjahrssonne schnell an zu treiben und werden dann oft durch Spätfröste geschädigt. Abhilfe schafft eine schützende Decke aus Fichtenzweigen [→ b.] oder Laub.
Winterfeste Kräuter im Topf können durchaus im Freiland überwintern. Um das Durchfrieren der Töpfe zu verhindern, werden diese auf Holzklötzchen gestellt und mit luftdurchlässigen Tüchern eingepackt [→ c.]. Auch der Frühbeetkasten bietet Topfkräutern einen prima Schutz [→ d.].

DAS RICHTIGE WINTERQUARTIER

Zahlreiche mediterrane oder exotische Kräuter wie Frucht-Salbei oder Lorbeer sind nicht winterfest. Sie verbringen den Sommer im Freien und müssen im Spätherbst in das Haus geholt werden, um zu überleben. Zum Überwintern benötigen sie einen frostfreien, aber hellen Raum. Die Temperaturen sollten 10 °C möglichst nicht übersteigen. Geeignet sind ungeheizte Räume, helle Keller oder auch Treppenhäuser [→ e.]. Die Pflanzen wachsen auch im Winterquartier weiter und sollten gelegentlich gegossen werden. Dabei ist Staunässe unbedingt zu vermeiden. Im Frühjahr werden die Kräuter bei Bedarf umgetopft, geschnitten und langsam wieder an das direkte Sonnenlicht gewöhnt.

FRISCHE KRÄUTER IM WINTER

Viele Kräuter wachsen trotz der dunklen und kalten Jahreszeit weiter und können ständig zum Würzen verwendet werden. Zu diesen Kräutern gehören Petersilie, Schnittlauch, Kresse, Kerbel, Basilikum und Melisse. Sie wachsen auch im Topf und benötigen im Winter einen warmen oder wenigstens temperierten Raum mit möglichst viel Licht. Wintergarten und Fensterbänke in der Küche sind für sie bestens geeignet. Besonders wichtig: Die Kräuter brauchen regelmäßig Wasser, dabei ist Staunässe zu vermeiden. Achten Sie auf den Befall durch Schädlinge.

ÜBERWINTERUNGSSERVICE IN DER GÄRTNEREI: Sehr viele Menschen mögen mediterrane Gehölze, haben aber kein Winterquartier. Abhilfe schafft die Serviceleistung vieler Gärtnereien. Sie bieten an, Ihre Lieblingspflanzen fachgerecht zu überwintern. Abgerechnet wird nach Festpreisen und der besondere Clou: Die Pflanzen kommen so stark wie irgend möglich und vor allem schädlingsfrei wieder zu Ihnen zurück.

ARBEITEN IM ÜBERBLICK
Von Frühling bis Winter

Ein Garten erfordert Aufmerksamkeit und beschäftigt uns fast das ganze Jahr immer wieder. Im Frühjahr stehen Bodenarbeiten und Pflanzenvermehrung im Mittelpunkt, im Sommer das Wässern, Pflegen und Ernten und im Herbst wird geschnitten, geerntet und aufgeräumt.

IM ZEITIGEN FRÜHJAHR

Nach dem langen Winter ist die Ungeduld der Gärtner groß. Im März, wenn der Boden aufgetaut und etwas abgetrocknet ist, sollte er bearbeitet werden: Erde lockern und harken, eine Bodenprobe ziehen und bei Bedarf düngen. Von den Kräuterbeeten kann jetzt der Winterschutz entfernt werden und ein Rückschnitt der mehrjährigen Pflanzen steht an. Bei Bedarf umpflanzen. Stauden, zum Beispiel Oregano, Minze oder Zitronen-Melisse, werden, sofern es im Herbst nicht geschehen ist, jetzt vollständig zurückgeschnitten und Halbsträucher wie Lavendel, Salbei oder Thymian bekommen ihren Formschnitt. Im Gewächshaus oder auf der Fensterbank kann mit der Vorkultur von mehrjährigen Pflanzen begonnen werden und im Beet können mehrjährige Pflanzen durch Wurzelteilung vermehrt werden.

FRÜHJAHR – HAUPTARBEITSZEIT

Im April beginnt die Saison der Freilandaussaat und endet das Zeitfenster der Pflanzenvermehrung durch Wurzelteilung. Nicht winterfeste Kräuter kommen aus dem Winterquartier und werden bei Bedarf geschnitten und umgetopft. Doch Vorsicht! Diese Pflanzen sollten abgehärtet werden. Sie vertragen nicht sofort direktes Sonnenlicht und benötigen einige Tage einen Platz im Schatten. Auch die vorgezogenen Kräuter können langsam in den Garten gepflanzt werden. Besonders wärmeliebende Kräuter wie Kapuzinerkresse oder Basilikum kommen erst nach den letzten Nachtfrösten (Mitte Mai) in den Garten.

IM SOMMER HEISST ES PFLEGEN

Halten Sie die Kräuterbeete von Wildkräutern frei und hacken oder mulchen Sie sie regelmäßig. An heißen, trockenen Tagen wird gegossen: immer nur, wenn die Erde wirklich trocken ist und dann reichlich. Wenn der Boden nach einiger Zeit wieder ausgetrocknet ist, wird erneut gegossen. Zu den Pflegemaßnahmen des Sommers gehört auch der Pflanzenschutz. Befallene Pflanzen werden am besten aussortiert oder auch behandelt, dann aber möglichst umweltverträglich, zum Beispiel mit Pflanzenbrühen. Im Sommer beginnt die Erntezeit von Kräutern. Spätestens im Juni, noch vor der Blüte, können Sie Blattkräuter wie Minze oder Salbei schneiden und trocknen. Blüten werden gesammelt und auch die ersten Samen sind schon reif. Die Samenernte begleitet uns bis in den Herbst.

DER REIZ DES HERBSTES

Ab September wird es im Kräutergarten ruhiger. Die Kräuter wachsen kaum noch und haben meist Samen angesetzt. Soll allzu starkes Auswildern von Kräutern eingegrenzt werden, sollten die Fruchtstände mit den Samen abgeschnitten werden. Die ersten Stauden sind schon eingezogen und können ebenfalls abgeschnitten werden. Einjährige Kulturen wie Ringelblume oder Kamille werden nach und nach aus den Beeten entfernt und die Erde wird umgegraben oder wenigstens gerade geharkt. Vor dem ersten Frost kommen empfindliche Kübelpflanzen in das Winterquartier und Abdeckmaterialien für den Winterschutz im Kräuterbeet werden bereitgelegt.

AUCH IM WINTER GIBT ES ARBEIT

Auch wenn der Winter die ruhigste Jahreszeit ist, gibt es für Kräutergärtner immer Arbeit. Die getrockneten Kräuter können, soweit noch nicht geschehen, gerebelt und verpackt werden. Die geernteten Samen werden aus den trockenen Fruchtständen gepult und trocken eingelagert. Die Kräuterpflanzen im Winterquartier erfordern unsere besondere Aufmerksamkeit: Sie benötigen regelmäßig, aber wenig Wasser und immergrüne Pflanzen, die auch im Winter ihre Blätter behalten, sollten alle vier Wochen etwas Flüssigdünger erhalten (schwächer konzentriert). Außerdem sollten die Pflanzen regelmäßig auf Schädlingsbefall kontrolliert werden. Betroffene Pflanzenteile werden sofort entfernt.

KRÄUTERBEETE ANLEGEN

Vielfalt gestalten

KRÄUTERGÄRTEN DUFTEN, SIND FARBENPRÄCHTIG UND
ÜPPIG – EIN GENUSS FÜR ALLE SINNE. ALS BESONDERS
STIMMIG ERSCHEINEN UNS KRÄUTER IM PASSENDEN BEET.
EGAL, OB DER GARTEN HISTORISCH ANMUTET ODER MODERN,
EIN KRÄUTERBEET GEHÖRT EINFACH DAZU!

DAS IST *wirklich* WICHTIG

[a] BEETEINFASSUNGEN AUS HOLZ sind günstig und einfach zu bauen. Besonders haltbar sind Bohlen aus Lärche, Robinie oder Eiche. Sie werden etwas in die Erde eingegraben und zusätzlich durch Metallstangen oder Holzpflöcke stabilisiert.

[b] BESONDERS ATTRAKTIV ist eine Beeteinfassung aus einer kleinen Mauer aus Naturstein. Sie ist ein Hingucker, besonders langlebig und bietet einen echten Vorteil: Die Steine speichern viel Wärme und geben sie langsam an den Boden ab, so mögen es die Kräuter des Mittelmeerraums.

[c] KRÄUTERHECKEN sind für die Einfassung von Beeten bestens geeignet. Der Nachteil ist, sie müssen regelmäßig geschnitten werden. Der Kiesweg ist ein schöner Kontrast zu den Kräuterhecken.

[d] KRÄUTER- ODER BUCHSHECKEN sind gut für die Trennung von Rasen und Beeten. Wichtig ist nur, dass der Rasen nicht in die Hecke wächst. Regelmäßiges Abstechen des Rasens und ein schmaler Streifen gehackter Erde an der Hecke helfen, Ordnung zu halten.

[e] EINE ZEICHNUNG ist sehr hilfreich für die Planung eines Gartens. Dabei wird so lange skizziert, bis alles passt. Eine Skizze hilft immer, die nötige Vorstellungskraft für den Garten zu entwickeln.

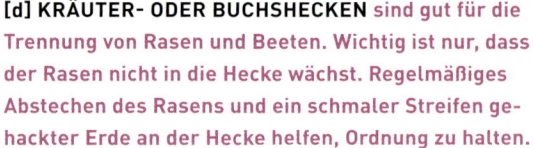

BEETEINFASSUNGEN

und Wege für den Garten

Kräuter sind nützlich und schön – und Kräuter wuchern im Garten, wenn man sie lässt. Beeteinfassungen und eine passende Wegeführung strukturieren den Kräutergarten und erhöhen seinen Nutzen. Fast alle Baumaterialien sind erlaubt, suchen Sie sich die attraktivsten aus.

STRUKTURGEBER

Viele Kräuter sind starkwüchsig und neigen häufig dazu, aus ihren Beeten auszubrechen. Soll die Form des Beetes langfristig erhalten bleiben, können Beeteinfassungen helfen. Die klassische Variante ist die Einfassung aus Stein [→ b.]. Betonsteine sind am günstigsten, viel schöner sind aber Natursteine wie Basalt oder Sandstein. Damit die Einfassungen aus Stein möglichst lange in Form bleiben, werden sie in ein Mörtelbett gelegt. Ist der Kräutergarten Bestandteil eines Bauerngartens, werden die Beete auch gerne mit Ziegelsteinen eingefasst.

Attraktiv für Kräutergärten im alten Stil ist die mittelalterliche Variante: Die Beete werden einfach mit Hohlbohlen eingefasst. Um diese Einfassung nicht ständig erneuern zu müssen, wählen Sie am besten haltbare Hölzer wie Lärche, Eiche oder Robinie. Auch niedrige Flechtzäune können als Beeteinfassung dienen. Sie sind flexibel, günstig und wirken interessant. Stilecht im modernen Garten sind Einfassungen aus Blech. Je nach Geschmack können 30 bis 40 cm breite Streifen aus Edel- oder Cortenstahl versenkt werden.

Niedrige Hecken strukturieren die Beete [→ d.], vermindern Bodenerosion und schaffen ein für die Kräuter günstiges Kleinklima. Aus der Barockzeit kennen wir Buchshecken als immergrüne, bis 1 m hohe Einfassung, doch auch duftende Kräuterhecken sind populär, beispielsweise aus Currykraut,

Eberraute, Lavendel, Salbei, Thymian, Weinraute oder Ysop. Sie werden je nach Sorte 40 bis 80 cm hoch. Bitte daran denken: Hecken bleiben nur attraktiv, wenn sie regelmäßig geschnitten werden.

WEGEBAU RICHTIG GEMACHT

Jeder Garten benötigt ein sinnvolles Netz aus Wegen. Sie verbinden die einzelnen Gartenteile, erleichtern die Arbeit in den Beeten und laden dazu ein, durch den Garten zu spazieren. Es gibt viele Möglichkeiten, Wege zu gestalten, besonders wichtig ist der richtige Belag. Im Kräutergarten bieten sich Pflaster, Ziegel, Holz, Rasen, Mulch oder Kies an.

Am Anfang des Wegebaus steht immer der umfassende Plan. Erst muss klar sein, wie der Garten später genutzt wird, erst dann werden Form und Größe der Beete und Wege festgelegt. Ein- und Ausgänge in den Garten, Blickachsen und Sitzplätze werden bei der Wegeplanung berücksichtigt und auch der Weg zum Kompost darf nicht vergessen werden. Die ideale Wegbreite liegt zwischen 100 und 150 cm.

Der Aufbau von festen Wegen lässt sich so erklären: Zuerst werden Kantensteine gesetzt und die Wegflächen mit einer 30 cm Tragschicht aus Schotter befestigt. Es folgt eine etwa 5 cm starke Bettung aus Splitt oder Sand, auf der dann die Platten oder Pflastersteine verlegt werden. Zum Schluss wird der neue Weg mit Quarzsand abgestreut.

DAS IST *wirklich* WICHTIG

....

[a] EINJÄHRIGE UND MEHRJÄHRIGE KRÄUTER wachsen gemeinsam in einem Beet. Wichtig ist, dass die einjährigen so oft wie möglich den Standort wechseln und mehrjährige ausreichend Platz bekommen.

[b] KRÄUTER WACHSEN AM BESTEN bunt gemischt in geschützten Beeten. Die Hecke aus Buchs schafft ein für Kräuter günstiges Kleinklima. Die Pflanzung von mehrjährigen Kräutern sollte stets gut geplant sein.

[a]

[b]

EIN BEET FÜR ALLE

Frische Kräuter für jeden Tag

Kräuter sind lecker und sehr gesund. Und was gibt es Besseres, als Kräuter täglich frisch aus dem Garten genießen zu können und rasch zur Hand zu haben? Legen Sie doch einfach ein Kräuterbeet für die ganze Familie an.

DAS KRÄUTERBEET VOR DEM HAUS

Ein Kräuterbeet in der Nähe der Küche – praktischer geht es wirklich nicht. Suchen Sie sich eine sonnige, geschützte Stelle am Haus und schon kann es losgehen. Das Beet sollte wenigstens zehn Quadratmeter groß sein, damit es auch etwas zu ernten gibt. Zunächst heißt es umgraben, düngen und harken, damit das Beet gut vorbereitet ist [→ Seite 18/19]. Sinnvoll ist die Einfriedung des Beetes mit Kräuterhecken aus Salbei, Thymian, Ysop oder Lavendel [→ Seite 68/69]. So sind die ersten Kräuter schon gut untergebracht. Im Kräuterbeet selbst ist eine gewisse Ordnung besonders hilfreich. Teilen Sie die Flächen einfach nach Verwendung der einzelnen Kräuter auf. Kleine Wege oder Trittplatten geben dem Beet Struktur und sorgen dafür, dass alle Pflanzen gut erreichbar sind.

KRÄUTER FÜR DAS FAMILIENBEET

In den einzelnen Bereichen des Beetes gibt es Platz für verschiedene Kräuter. Pflanzen Sie diese am besten thematisch geordnet an, zum Beispiel nebeneinander oder in Quadraten. Am häufigsten werden meist würzige Küchenkräuter benötigt, sie sollten besonders gut erreichbar sein – zu den Klassikern zählen Schnittlauch, Petersilie, Dill und Majoran. Doch auch Basilikum, Oregano, Rosmarin und Thymian, die mediterranen Gewürzpflanzen für Pizza und Tomatengerichte, passen in das Familienbeet. Aromatische Kräuter wie Fenchel, Minze, Anisysop oder Kamille gehören in das Beet für Teepflanzen [→ Seite 146/147]. Dort wird geerntet, wenn schnell ein Getränk zubereitet werden soll. Und nicht zu vergessen: essbare Blüten. Die Blüten von Borretsch, Malven, Kapuzinerkresse oder auch Ringelblumen sind dekorativ und lecker – ihre Verwendung im Salat ist auch für die Augen ein Fest.

DIE LIEBLINGE DER KINDER

Kinder mögen Kräuter und haben ganz schnell ihre Lieblinge. Ich habe festgestellt, dass besonders frisch-süße und aromatische Kräuter wie Zitronen-Melisse oder Minze-Sorten für Kaltgetränke oder auch Tee bei Kindern gut ankommen. Egal ob als Dufterlebnis im Garten, als Tischdeko oder als Zugabe zu Getränken und Speisen, viele Kräuter schmecken prima und regen die Sinne gerade der Kinder an.

KRÄUTERLIMO – NICHT NUR FÜR KINDER: Geben Sie etwa zehn Stängel Melisse, zehn Stängel Minze und einen Liter Apfelsaft in einen Glaskrug und lassen Sie den Ansatz etwa zwölf Stunden ziehen. Vor dem Servieren werden die eingeweichten Kräuter aus dem Krug genommen und dieser wird mit einem halben Liter Mineralwasser aufgefüllt. Zur Deko können Sie frische Kräuter und essbare Blüten [→ Seite 124/125] in die Limo geben.

[1.]

KÜCHENKRÄUTER
Die Klassiker

Fast jeder, der gerne kocht und isst, schätzt Küchenkräuter. Sie sind aromatisch und gesund und haben oft eine große Wirkung. Nicht umsonst sind Heil- und Küchenkräuter oft die gleichen.

[2.]

[3.]

MAJORAN [1.]
Origanum majorana
Wuchs: einjährig, buschig und stark verzweigt, 50 cm hoch
Blatt: klein, spatelförmig, ganzrandig, flaumig behaart
Blüte: Juli und August, hellrote bis weiße Lippenblüten mit graugrünen Hochblättern
Standort: sonnig; durchlässige, nahrhafte, leichte Böden
Pflege: geschützte Anzucht ab März oder Direktaussaat ab Mai ins Kräuterbeet, auf Pflanzabstand von 20 × 20 cm vereinzeln, Standort sollte jedes Jahr gewechselt werden, benötigt wenig Wasser, Staunässe vermeiden, regelmäßig düngen
Vermehrung: Aussaat
Ernte: junge Blätter und Triebe im Frühjahr und Sommer sammeln und frisch verwenden, zum Trocknen Blätter und Blüten im Sommer ernten
Verwendung: frisch oder getrocknet als Gewürz für deftige Speisen wie Eintöpfe, Fleischgerichte und Aufläufe, die Volksheilkunde empfiehlt einen Teeaufguss bei Magen- und Darmbeschwerden und Kopfschmerzen

PETERSILIE [2.]
Petroselinum crispum
Wuchs: zweijährig, rosettig, mit aufrechten Blütentrieben, 50 bis 100 cm hoch, im oberen Bereich verzweigt
Blatt: gefiedert, glattblättrig oder kraus (je nach Sorte)
Blüte: Juni und Juli, grünlich gelbe Dolden
Standort: halbschattig; humusreiche, feuchte Böden
Pflege: ab März direkt im Beet aussäen, später auf einen Reihenabstand von 15 bis 20 cm vereinzeln, Standort jedes Jahr wechseln, hoher Wasser- und Nährstoffbedarf
Vermehrung: Aussaat
Ernte: Blätter im Sommer des ersten Jahres und im Frühling des zweiten Jahres (bei Blühbeginn werden die Blätter ungenießbar), Früchte im Herbst des zweiten Jahres
Verwendung: frische Blätter würzen Suppen, Salate oder Kartoffelgerichte; Petersilie darf nicht mitgekocht werden, sie verliert sonst ihr Aroma. Petersilienfrüchte werden in der Volksheilkunde häufig als Bestandteil von Blasen- und Nierentees verwendet

KÜMMEL [3.]
Carum carvi
Wuchs: zweijährig, rosettig, Blütentriebe aufrecht, verzweigt, bis 120 cm hoch
Blatt: wintergrün, zwei- bis dreifach gefiedert
Blüte: Mai bis Juli, weiß (selten rosa) in Dolden
Standort: sonnig bis halbschattig; nahrhafte, nicht zu trockene Böden

Pflege: im Frühjahr oder Spätsommer direkt ins Beet säen, später auf 30 bis 35 cm Reihenabstand vereinzeln, hoher Wasser- und Nährstoffbedarf
Vermehrung: Aussaat (Lichtkeimer)
Ernte: im ersten Jahr können nur die jungen Blätter geerntet werden, im zweiten die reifen Samen
Verwendung: junge Blätter werden genau wie Blüten oder Wurzeln zum Würzen von Salaten verwendet, getrocknete Samen sind ein klassisches Gewürz von Fleischgerichten, Kohl, Käse oder Quark; Kümmeltee wird bei krampfartigen Beschwerden im Magen-Darm-Bereich getrunken und Kümmel ist auch Rohstoff für die Herstellung von Likör und Branntwein

KRESSE, GARTEN-KRESSE [4.]
Lepidium sativum
Wuchs: einjährig, aufrecht, 30 bis 50 cm hoch
Blatt: Grundblätter fiederteilig, obere Blätter länglich-eiförmig, blaugrün
Blüte: Mai bis Juli, weiß in Trauben
Standort: sonnig bis halbschattig, wächst auf jedem Gartenboden
Pflege: ab März direkt im Beet aussäen, die Kulturzeit beträgt nur zwei bis drei Wochen, muss daher ständig nachgesät werden, Pflanzabstand 20 × 20 cm; unter Glas ganzjähriger Anbau möglich
Vermehrung: Aussaat (Lichtkeimer)
Ernte: bei Bedarf junge Blätter schneiden
Verwendung: nur frisch, als pikante Zugabe zu Salaten, Eiern und Quark oder aufs Butterbrot, eignet sich auch zum Garnieren von Fisch und Gemüse, die Volksheilkunde schätzt das Kraut zur Anwendung bei Frühjahrskuren

SCHNITTLAUCH [5.]
Allium schoenoprasum
Wuchs: mehrjährig, horstig, aufrecht, 20 bis 30 cm hoch
Blatt: röhrig, wintergrün

Blüte: Juni und Juli, attraktive, rötlich lilafarbene, kugelige Dolden
Standort: sonnig bis halbschattig; nährstoffreiche, nicht zu feuchte Böden
Pflege: im Frühjahr direkt im Beet aussäen; um das Überaltern zu verhindern, werden die Wurzelstöcke alle zwei Jahre im Herbst oder Frühjahr geteilt
Vermehrung: Aussaat oder Teilung des Wurzelstocks
Ernte: im Frühjahr und Sommer knapp über dem Boden abschneiden – die Blätter des ersten Frühlingsaustriebes sind besonders würzig, Blüten im Sommer
Verwendung: Blätter frisch geschnitten zum Würzen von Rührei, Quark, Salaten, Suppen und Soßen, möglichst nicht erhitzen zur Schonung der reichlich enthaltenen Vitamine; Blüten als hübsche Dekoration für Salate

DILL [6.]
Anethum graveolens
Wuchs: einjährig, rosettig, Blütentriebe aufrecht bis locker buschig, 80 bis 120 cm hoch
Blatt: fein gefiedert
Blüte: Juni bis August, grünlich gelbe, große Dolden
Standort: sonnig; lockere, nahrhafte, nicht zu trockene Böden
Pflege: im April direkt im Freiland aussäen, später auf einen Abstand von 25 bis 30 cm vereinzeln, Folgeaussaaten bis August, benötigt regelmäßig Wasser, wenig Dünger
Vermehrung: Aussaat (Lichtkeimer)
Ernte: ab Ende April frische Blätter und ab Juni Blüten, Samen kurz vor der vollständigen Reife ernten und nachtrocknen
Verwendung: Blätter und Blüten gelten frisch oder getrocknet als beliebtes Gewürz für Salate, Fisch und Soßen; die Samen werden zum Einlegen von Gurken und zum Herstellen von Kräuteressig genutzt; die Volksheilkunde verwendet den Tee aus Samen bei Verdauungsstörungen und Appetitlosigkeit

[4.]

[5.]

[6.]

[1.]

GRÜNE WÜRZKRAFT

Für mehr Kochvergnügen

Die Liste der Küchenkräuter ist lang und jedes Kraut schmeckt unterschiedlich, aber immer einmalig. Lassen Sie sich inspirieren von der Artenvielfalt und den unverwechselbaren Aromen.

[2.]

SOMMER-BOHNENKRAUT [1.]

Satureja hortensis

Wuchs: einjährig, buschig, straff aufrecht, stark verzweigt, im unteren Bereich verholzend, bis 40 cm hoch

Blatt: lanzettlich, behaart, dunkelgrün

Blüte: Juli bis Oktober, kleine Lippenblüten, weiß bis lilafarben

Standort: sonnig; durchlässige, leichte Böden

Pflege: im Frühjahr direkt im Beet aussäen, später auf 20 cm Reihenabstand vereinzeln, nicht austrocknen lassen, wenig düngen

Vermehrung: Aussaat (Lichtkeimer)

Ernte: frische Blättchen während des ganzen Sommers, zum Trocknen das ganze Kraut während der Blüte (seine Würzkraft ist dann am stärksten) ernten

Verwendung: intensive Würze für Bohnengerichte, Eintöpfe und deftige Salate, für die volle Entfaltung des Aromas wird das Kraut lange mitgekocht, frische Triebe eignen sich gut zum Aromatisieren von Öl und Essig

BRUNNENKRESSE [2.]

Nasturtium officinale

Wuchs: einjährig, kriechend, teilweise aufsteigend, bis zu 70 cm lang, bildet an den Verzweigungen Wurzeln

Blatt: unpaarig gefiedert, Blättchen rundlich, sattgrün

Blüte: Juni bis August, klein und weiß in kurzen Ähren

Standort: halbschattig; nahrhafte, feuchte Böden, wächst gern an fließendem Wasser

Pflege: im Frühjahr direkt im Beet aussäen, auf 10 × 10 cm Abstand vereinzeln, sehr feucht halten, nicht düngen, regelmäßig ernten oder zurückschneiden für bessere Verzweigung

Vermehrung: Aussaat (Lichtkeimer), während der Anzucht muss das Substrat ständig nass gehalten werden

Ernte: junge Triebe während des ganzen Jahres

Verwendung: die frischen Blätter sind ein scharf-bitter schmeckendes Gewürz für Suppen, Salate, Eierspeisen, Kräuterbutter und -quark; die Volksheilkunde schätzt Brunnenkresse für Frühjahrskuren und wendet sie bei Stoffwechselstörungen an

KLEINE PIMPINELLE, KLEINE BIBERNELLE [3.]

Pimpinella saxifraga

Wuchs: mehrjährig, rosettig, mit aufrechten, verzweigten Blütentrieben, 20 bis 60 cm hoch

Blatt: unpaarig gefiedert, Blättchen lanzettlich und gesägt

[3.]

Blüte: Juni und Juli, weiße Dolden
Standort: sonnig bis halbschattig; nahrhafte, lehmige, nicht zu trockene Böden
Pflege: ab März direkt im Beet aussäen, auf 25 × 25 cm Abstand vereinzeln, benötigt wenig Wasser und Nährstoffe, im Herbst komplett zurückschneiden
Vermehrung: Aussaat im Frühjahr oder Teilung der Wurzelstöcke im Herbst oder Frühjahr
Ernte: Blätter und Triebe im Sommer, Wurzeln im Herbst
Verwendung: würzt Suppen und Salate, gehört zu den klassischen Kräutern der Frankfurter Grünen Soße, Bestandteil von Gewürzmischungen, wird auch in der Likörindustrie zu Bitterschnäpsen verarbeitet

KERBEL [4.]

Anthriscus cerefolium ssp. *cerefolium*
Wuchs: einjährig, aufrecht bis locker buschig, 70 bis 100 cm hoch
Blatt: mehrfach gefiedert, hellgrün
Blüte: Mai bis August, weiß in zusammengesetzten Dolden
Standort: sonnig bis halbschattig; nährstoffreiche, feuchte Böden
Pflege: ab März direkt im Beet aussäen, auf 20 × 20 cm Abstand vereinzeln, Folgeaussaaten bis August möglich, gleichmäßig feucht halten, gelegentlich düngen
Vermehrung: Aussaat (Lichtkeimer)
Ernte: junge Blätter oder das ganze blühende Kraut, verliert beim Trocknen schnell sein Aroma
Verwendung: frische Kerbelblätter sind eine beliebte Beigabe zu Suppen, Soßen, Quark und Salaten, Kerbel wirkt harntreibend und verdauungsfördernd, die Volksheilkunde empfiehlt Tee oder Presssaft zu Frühjahrskuren

RUSSISCHER ESTRAGON [5.]

Artemisia dracunculus
Wuchs: mehrjährig, breitbuschig, bis 150 cm hoch, stark verzweigt, überwiegend verholzt

Blatt: schmal-lanzettlich, hellgrün
Blüte: blüht selten, August bis Oktober, unscheinbar gelb in Trauben
Standort: sonnig bis halbschattig; nährstoffreiche, frische bis feuchte Böden
Pflege: Pflanzabstand 40 × 40 cm, winterfest
Vermehrung: Aussaat (Lichtkeimer), Stecklinge oder Teilung des Wurzelstocks
Ernte: Blätter oder Triebspitzen können während des ganzen Sommers geerntet werden, das Kraut zum Trocknen wird kurz vor der Blüte geschnitten
Verwendung: am besten frisch, seltener auch getrocknet, als Gewürz von Suppen, Salaten und Soßen, wenig Würzkraft
Weitere Art: Französischer Estragon schmeckt delikater, ist dafür in der Pflege anspruchsvoller, Vermehrung durch Wurzelausläufer oder Blattstecklinge im Frühjahr

LIEBSTÖCKEL [6.]

Levisticum officinalis
Wuchs: mehrjährig, buschig, bis 250 cm hoch
Blatt: zwei- bis dreifach gefiedert, rautenförmige Fiederblättchen, glänzend
Blüte: Juli und August, gelbgrüne Dolden
Standort: sonnig bis halbschattig; tiefgründige, nahrhafte Böden
Pflege: Pflanzabstand 50 × 50 cm, regelmäßig gießen und düngen, im Herbst vollständig zurückschneiden
Vermehrung: Aussaat im Frühjahr oder Teilung der Wurzelstöcke im Herbst
Ernte: junge Blätter im Frühjahr, reife Samen im Sommer, Wurzeln im Herbst ausgraben und gut trocknen
Verwendung: frische Blätter würzen Salate, Eintöpfe und Fleischgerichte („Maggikraut"), Wurzeln werden zur Herstellung von Tee zur Durchspülung bei entzündlichen Erkrankungen der Harnwege verwendet (nicht während der Schwangerschaft!), industriell wird Liebstöckel zur Aromatisierung von Likören und Magenschnäpsen genutzt

[4.]

[5.]

[6.]

[a]

DAS IST *wirklich* WICHTIG

[a] UNTER FORMAL ANGELEGTEN BEETEN verstehen wir meist die klassischen Gärten der Renaissance. Die Struktur geben Buchshecken, die entweder ganz gerade oder in geometrischen Formen gepflanzt wurden. Besonders wichtig sind gut erkennbare Blickachsen. Und natürlich dürfen gut platzierte Bänke nicht fehlen.

[b] FORMALE KRÄUTERBEETE können auch von Rasenwegen und Kräuterhecken umgeben sein. Wichtig sind klare Beetstrukturen und die gute Erreichbarkeit aller Pflanzen. Rasenkanten aus Holz, Stein oder Stahl halten die Beete in Form.

[b]

[c]

[c] PFLANZENSCHILDER aus Schiefer, Emaille oder Ton sehen hübsch aus, sind lange haltbar und verhindern, dass die Heilpflanzen verwechselt und dann vielleicht falsch verwendet werden.

FORMALE BEETE
für Heilkräuter

Ein Beet mit klassischen Heilkräutern gegen Husten, Bauchweh & Co. ist für die meisten Kräutergärtner ein Muss. Formal gestaltete Beete schaffen Ordnung und geben den oft stark wuchernden Wildpflanzen den passenden Rahmen.

GANZ GERADE

Formale Gärten hatten ihre Hauptblütezeit in den französischen und italienischen Gärten der Renaissance. Sie zeichnen sich durch gerade Linien, geometrische Formen und vor allem durch Blickachsen aus. Gemüse und Blumen wurden bei uns über viele Jahrhunderte im barocken Bauerngarten angebaut. Wichtigstes Merkmal für die Gestaltung dieser Gärten sind niedrige Hecken, oft aus Buchsbaum. Und auch für Kräutergärten haben formal gestaltete Beete einen großen Nutzen, sie unterteilen die Fläche und schaffen so Ordnung. Die durch Heckenpflanzungen entstehenden Felder können für die Einteilung der Kräuter nach Nutzen wie Küchen- oder Heilkräuter oder auch für die Fruchtfolge von ein- und zweijährigen Pflanzen verwendet werden.

GUT GEPLANT

Die Anlage eines formalen Gartens bedarf der genauen Planung. Größe, Anzahl und Anordnung der Beete sollten gut durchdacht und dann vorgezeichnet werden, beispielsweise mit Sand oder einer Schnur. Rechtecke, Dreiecke und Kreise lassen sich gut anlegen und sind häufig verwendete einfache Formen.

Die einzelnen Beete sollten wenigstens vier Quadratmeter groß sein und werden mit Kräuterhecken, Holz oder Steinen begrenzt. Sehr einfach und doch originell ist auch das klassische Kräuterrad. Oft wird dafür ein altes Wagenrad auf den Boden gelegt und so für diese Anlage genutzt.

DIE BEPFLANZUNG DER BEETE

Die einzelnen Beete können Heilpflanzen oder Küchenkräuter beherbergen, die thematisch nach ihrer Verwendung geordnet werden. Fenchel, Liebstöckel oder Wermut zum Beispiel wirken anregend auf die Verdauung und brauchen viel Platz. Sie können gut zusammen in einem Beet wachsen, wenn schon beim Pflanzen ihr großer Platzbedarf berücksichtigt wird. Johanniskraut, Kamille und Ringelblumen bleiben viel kleiner und können daher in einem anderen Beet wachsen.
Auch die Bepflanzung der Beete nach Formen und Farben der Kräuter macht oft Sinn. Silberlaubige und blau blühende Pflanzen wie Lavendel und Salbei können in Gruppen gepflanzt werden und wirken so wohltuend für das Auge. Andere Beete können grünlaubige Kräuter wie Oregano, Melisse oder Minze beherbergen.

DIE WICHTIGSTEN HEILKRÄUTER können sehr gut in Themenbeeten, geordnet nach ihrer Verwendung, zusammengepflanzt werden. So finden verdauungsfördernde Pflanzen wie Fenchel, Schafgarbe, Wermut oder Kümmel ein gemeinsames Beet. Zur Behandlung von Erkrankungen der Atemwege können Thymian, Salbei, Malven und Minzen in ein Beet gepflanzt werden und ein anderes Beet enthält Kräuter für die Pflege der Haut wie Johanniskraut und Ringelblumen.

[1.]

[2.]

[3.]

HEILKRÄUTER

Ein Geschenk der Natur

Heilkräuter faszinierten uns Menschen schon immer – kein Wunder, waren sie doch über Jahrtausende unsere wichtigste Medizin. Früher wurden alle Kräuter gesammelt. Erste Anbauversuche gab es erst in den Klostergärten des Mittelalters.

FRAUENMANTEL [1.]
Alchemilla xanthochlora
Wuchs: mehrjährig, breitbuschig, bis 50 cm hoch, horstig
Blatt: sieben- bis neunlappig, gezähnt, weich behaart
Blüte: Juni und Juli, häufig Nachblüte im Herbst, grünlich gelb, knäuelartig in Rispen
Standort: sonnige bis halbschattige Lagen; humusreiche, durchlässige, nicht zu trockene Böden
Pflege: junge Pflanzen in einem Abstand von 30 bis 40 cm pflanzen, verblühte Blütenstände zurückschneiden, regelmäßig gießen und düngen
Vermehrung: Aussaat im Frühjahr oder Teilung des Wurzelstocks im Herbst
Ernte: im Sommer Blätter oder blühendes Kraut ernten und frisch verwenden oder schonend trocknen
Verwendung: frische, junge Blätter sind Zutaten für Salate oder Suppen, das getrocknete Frauenmantelkraut wird zur Zubereitung von Tee verwendet, die Volksmedizin empfiehlt den Tee als Mittel gegen Beschwerden der Wechseljahre, bei zu starken Monatsblutungen und auch als Blutreinigungskur

GEWÜRZ-FENCHEL [2.]
Foeniculum vulgare
Wuchs: zweijährig, rosettig mit aufrechten Blütentrieben, im oberen Teil verzweigt, 80 bis 200 cm hoch
Blatt: sehr fein gefiedert
Blüte: Juli bis September in gelben Dolden
Standort: sonnig; tiefgründige, nahrhafte, kalkhaltige, feuchte Böden
Pflege: im Frühjahr im Saatbeet in Reihen aussäen, im Frühjahr des zweiten Jahres auf einen Abstand von 40 × 60 cm verpflanzen; reichlich gießen, wenig düngen
Vermehrung: Aussaat im Frühjahr, Wurzelteilung im Herbst
Ernte: einzelne junge Blätter laufend, im Spätsommer die Dolden mit den reifen Samen abschneiden und zum Trocknen aufhängen
Verwendung: Fenchelfrüchte sind Bestandteil von Husten-, Abführ- und Magen-Darm-Tees und ein beliebtes Gewürz für Backwaren und Liköre, die frischen Blätter würzen Salate, Fisch und Soßen

ECHTE KAMILLE [3.]
Matricaria recutita
Wuchs: einjährig, locker buschig mit aufrechten, verzweigten Blütenstielen, bis 50 cm hoch
Blatt: fein gefiedert

Blüte: Juni und Juli, gelbe Röhrenblüten in der Mitte und weiße Zungenblüten am Rand, hohler Blütenboden
Standort: sonnig; humusreiche, leicht lehmige Böden
Pflege: breitwürfige Freilandaussaat im April, auf 20 × 20 cm Abstand vereinzeln, regelmäßig gießen und düngen
Vermehrung: Aussaat (Lichtkeimer)
Ernte: Blütenköpfchen während des ganzen Sommers, schonend trocknen
Verwendung: Teeaufguss aus den frischen oder getrockneten Blüten – wirkt innerlich bei Erkrankungen im Magen- und Darmbereich sowie bei Menstruationsbeschwerden und äußerlich bei Entzündungen der Haut und der Schleimhäute
Vorsicht: Häufiger Umgang mit getrockneten Kamillenblüten kann Allergien auslösen!

GEWÖHNLICHE SCHAFGARBE [4.]
Achillea millefolium
Wuchs: mehrjährig, aufrecht, bis 80 cm hoch, treibt Ausläufer
Blatt: fiederschnittig, lineal-lanzettlich
Blüte: Juni bis September; weiße (teilweise rosafarbene) Körbchenblüten
Standort: sonnig; nahrhafte, gut durchlässige Böden
Pflege: Pflanzabstand 30 × 30 cm, mäßiger Wasser- und Nährstoffbedarf, im Herbst oder Frühjahr ganz zurückschneiden
Vermehrung: Aussaat (Lichtkeimer) oder Teilung des Wurzelstockes im Herbst
Ernte: im Frühjahr werden junge Blätter geerntet, im Sommer das blühende Kraut
Verwendung: als Bestandteil von Teemischungen bei leichten, krampfartigen Magen-Darm-Galle-Störungen, bei Magenkatarrhen, zur Appetitanregung oder bei Menstruationsbeschwerden; die jungen Frühlingsblätter werden als Zugabe zu Kräuterquark oder Salat verwendet

TÜPFEL-JOHANNISKRAUT [5.]
Hypericum perforatum
Wuchs: mehrjährig, locker aufrecht, bis 90 cm hoch, im oberen Bereich verzweigt

Blatt: linealisch bis eiförmig, durchscheinend punktiert
Blüte: Juni bis September; goldgelbe, radförmige Einzelblüten in Trugdolden, verfärben sich beim Zerreiben rot
Standort: sonnig; gut durchlässige Böden mit geringem bis mittlerem Nährstoffgehalt
Pflege: Pflanzabstand 30 × 40 cm, Rückschnitt im Herbst oder Frühjahr
Vermehrung: Freilandaussaat im Frühjahr oder Wurzelteilung im Herbst
Ernte: im Sommer Blätter, Blüten und blühende Triebe frisch verarbeiten oder trocknen
Verwendung: Johanniskrautöl (Rotöl) ist ein Auszug aus frischen Blüten und wird als Wundheilmittel verwendet. Johanniskraut wirkt als Tee bei nervöser Unruhe und bei leichten Depressionen
Vorsicht: Einnahme höherer Dosen kann in Verbindung mit Sonnenlicht zu phototoxischen Reaktionen auf der Haut führen!

ECHTER WERMUT, ABSINTH [6.]
Artemisia absinthium
Wuchs: mehrjährig, buschig, bis 150 cm hoch, im unteren Bereich verholzend
Blatt: gefiedert, graugrün
Blüte: Juli bis September, gelb, kugelige Köpfchen
Standort: sonnig; nahrhafte, durchlässige, trockene Böden
Pflege: Pflanzabstand 50 × 50 cm, eine Pflanze im Garten reicht meist aus, vollständiger Rückschnitt im Herbst oder Frühjahr
Vermehrung: Aussaat im Frühjahr (Lichtkeimer) oder Stecklinge im Sommer
Ernte: Wermutblätter laufend, zum Anlegen von Wintervorräten Triebspitzen während der Blütezeit ernten und trocknen
Verwendung: als Tee oder Bestandteil von Teemischungen oder Kräuterlikören zur Appetitanregung, bei Verdauungsstörungen und bei Gallenbeschwerden, in kleinen Mengen auch zum Würzen von fetten Fleischgerichten und Eintöpfen
Vorsicht: zu hohe Dosen können Kopfschmerzen und Schwindel erzeugen!

[4.]

[5.]

[6.]

[b]

[c]

DAS IST *wirklich* WICHTIG

[a] **BUNT GEMISCHTE KRÄUTERBEETE** sind das Sinnbild für naturnahe Gärten. Hier behaupten Kräuter über mehrere Jahre ihren Platz.

[b] **IN STEINGÄRTEN** wachsen mediterrane Kräuter am liebsten, denn hier ist es trocken, sonnig und warm.

[c] **DER NATURNAHE GARTEN** ist ein Paradies für Vögel. Hier finden sie ausreichend Nahrung und Material für den Nestbau.

[d] **BLÜHENDE UND DUFTENDE KRÄUTER** sind ein Magnet für Bienen, Hummeln und Schmetterlinge.

[d]

NATUR IM GARTEN

Üppige Vielfalt

Naturnahe Kräutergärten liegen voll im Trend. Sie sind vielfältig, wirken natürlich und sind ein Paradies für nützliche Insekten. Die Kräuter wachsen prima, vermehren sich oft selbst und suchen sich ihren Platz. Bei so viel „Unordnung" sollte der Gärtner aber ein Pflanzenkenner sein.

FÜR NATURGÄRTNER

Natur- und Landschaftsgärten sind das Gegenstück zu formalen Gärten. Fließende Beetformen und ein einfaches Wegenetz zeichnen sie aus. Die Wege werden in geschwungenen Formen angelegt und mit Pflaster, Kies oder Mulch gedeckt. Wichtigstes Gestaltungsmerkmal sind naturnahe Pflanzungen mit Wildkräutern, die bei uns auch in der Natur vorkommen. Lebensform und Platzbedarf der einzelnen Kräuter können am besten gut berücksichtigt werden. Die Bepflanzung der naturnahen Beete erfolgt meistens sehr üppig. Höhe, Form und Farbe der Kräuter geben dem Beet die gewünschte Struktur.

DIE RICHTIGE KOMBINATION

Naturnahe Kräuterbeete sind nicht immer einfach zu pflegen. Die verschiedenen Pflanzen haben ganz unterschiedliche Lebensrhythmen und wuchern zum Teil stark. Ein Großteil der Kräuter bleibt über viele Jahre am Standort und sät sich dort auch aus. Bei der Anlage von naturnahen Beeten ist die gute Vorbereitung des Bodens mit Kompost und bei schweren Böden mit Sand besonders wichtig, schließlich kann der Boden nach der Pflanzung über viele Jahre kaum verändert werden. Bitte beachten Sie Größe und Platzbedarf der einzelnen Kräuter (siehe Porträts).

SO WIRD GEPFLANZT

Zuerst werden mehrjährige Kräuter wie Melisse, Schafgarbe oder Eibisch einzeln oder in kleinen Gruppen gepflanzt. Wählen Sie die Abstände so groß, dass die Pflanzen über viele Jahre am Standort bleiben können. Jetzt kommen Halbsträucher wie Salbei dazu. Sie werden im Beet verteilt oder als Hecken an die Wegränder gepflanzt. Verteilen Sie im Beet einzelne Trittplatten. So können Sie die Kräuter immer erreichen, sei es zur Ernte oder auch nur zur Pflege. Zwischen den mehrjährigen Kräutern bleibt Platz für ein- und zweijährige Pflanzen. Sie werden direkt ausgesät und finden später ihren Lieblingsplatz – im Beet oder Nachbarbeet – selbst.

FÜR JEDEN STANDORT DIE RICHTIGEN KRÄUTER

Sonnig & mager: Färber-Hundskamille, Seifenkraut, Thymian, Rosmarin, Wegwarte
Sonnig & nahrhaft: Kümmel, Mariendistel, Ringelblume, Schafgarbe, Ysop
Halbschattig & nahrhaft: Engelwurz, Liebstöckel, Lungenkraut, Minze, Waldmeister

[1.]

[2.]

[3.]

WILDKRÄUTER

Für ein naturnahes Beet

Das naturnahe Beet erfordert Wildkräuter. Wählen Sie bitte immer die passenden Arten für Ihren Standort aus. Wildkräuter sind robust, wirken natürlich und passen in jeden Garten.

ECHTES LUNGENKRAUT [1.]
Pulmonaria officinalis
Wuchs: mehrjährig, buschig, oben verzweigt, 10 bis 40 cm hoch, borstig behaart
Blatt: eiförmig oder herzförmig, zugespitzt, ganzrandig, borstig, hellgrün gefleckt
Blüte: März bis Mai, hellrote später blau violette Doldentrauben
Standort: halbschattig; lockere, durchlässige, warme Sand- oder Lehmböden.
Pflege: jede Pflanze braucht etwa 20 × 20 cm Platz, ausreichend gießen und düngen
Vermehrung: Aussaat im Frühjahr oder Teilung des Wurzelstocks im Herbst
Ernte: im Frühjahr frische Blätter, zur Blütezeit alle oberirdischen Pflanzenteile
Verwendung: frische Blätter als Beigabe zu Salaten, das getrocknete Kraut als Tee bei Erkrankungen der Atmungsorgane

WALDMEISTER [2.]
Galium odoratum
Wuchs: mehrjährig, horstig, aufrecht, 20 bis 30 cm hoch, Ausläufer treibend
Blatt: lanzettlich, in Quirlen stehend
Blüte: April bis Juni, weiß, in lockeren Trugdolden
Standort: halbschattig bis schattig; nahrhafte, frische bis feuchte Böden

Pflege: jede Pflanze braucht etwa 20 × 20 cm Platz und regelmäßige Wasser- und Düngergaben
Vermehrung: Aussaat (Kaltkeimer), Teilung der Wurzelstöcke im zeitigen Frühjahr oder nach der Blüte im Frühsommer
Ernte: das ganze Kraut kurz vor der Blüte
Verwendung: als Genussmittel (für Bowle kurz antrocknen lassen) und zur Frühjahrskur, auch als Beigabe zu Obstsalat, Götterspeise, Limonade und Bier
Vorsicht: Die Pflanze gilt als schwach giftig, nach dem übermäßigen Genuss von Waldmeisterzubereitungen können aufgrund des hohen Cumaringehaltes Kopfschmerzen auftreten!

FÄRBER-HUNDSKAMILLE [3.]
Anthemis tinctoria
Wuchs: mehrjährig, buschig, 30 bis 60 cm hoch
Blatt: fiederspaltig, gekräuselt, graugrün
Blüte: Juli bis September, goldgelbe Körbchenblüten mit langen Zungenblüten
Standort: sonnig; magere Böden
Pflege: jede Pflanze braucht etwa 30 × 30 cm Platz, geringer Bedarf an Wasser- und Nährstoffen, im Herbst oder zeitigen Frühjahr vollständig zurückschneiden

Vermehrung: Aussaat im Frühjahr (Lichtkeimer), Stecklinge oder Teilung des Wurzelstockes im Herbst

Ernte: Blätter, Blüten und Stängel den ganzen Sommer

Verwendung: frische Blätter als Würze für Kräuterquark, frische Blüten zur Garnierung verschiedener Speisen, getrocknete Blüten zum Färben von Naturtextilien

MARIENDISTEL [4.]
Silybum marianum

Wuchs: einjährig, rosettig, Blütentriebe aufrecht und verzweigt, bis 200 cm hoch

Blatt: gelappt, Ränder bedornt, dunkelgrün und weiß marmoriert

Blüte: Juni bis August, purpurrosa, mit stacheligen Hüllblättern

Standort: sonnig; durchlässige Böden

Pflege: ab Ende April direkt im Beet in Reihen mit 30 cm Abstand aussäen, später die Sämlinge auf 40 cm vereinzeln, auf gleichmäßige Wasser- und Nährstoffversorgung achten

Vermehrung: Aussaat

Ernte: junge Blätter und Stängel von Mai bis Juni, Saatgut im August/September

Verwendung: junge Stängel ähnlich wie Spargel zubereiten, die schönen Blüten dienen als Dekoration, Blätter und Samen werden in der Volksheilkunde zur Zubereitung von Tee sowie zur Behandlung von Leber- und Gallenleiden genutzt

SEIFENKRAUT [5.]
Saponaria officinalis

Wuchs: mehrjährig, aufrecht, 50 bis 80 cm hoch, Ausläufer treibend

Blatt: länglich, ganzrandig, zugespitzt

Standort: sonnig; durchlässige Böden

Pflege: im Frühjahr direkt im Beet aussäen, auf 40 × 40 cm vereinzeln, nur wenig gießen und düngen, im Herbst oder zeitigen Frühjahr vollständig zurückschneiden

Vermehrung: Aussaat im Frühjahr (Lichtkeimer), Stecklinge im Sommer oder Teilung des Wurzelstocks im Herbst

Ernte: Blätter kurz vor der Hauptblüte, voll aufgeblühte Blüten im Sommer und Wurzeln im Herbst

Verwendung: Blüten zur Dekoration von Speisen und für Duftschalen, Tee aus getrockneten Wurzelstöcken gilt in der Volksheilkunde als Hustenmittel, Aufguss mit Blättern oder Wurzeln ist eine starke Waschlauge speziell für Leinenstoffe; die Seifenwurzel wird heute zur Herstellung von Wasch- und Reinigungsmitteln verwendet und ist Zusatz von Zahncremes

[4.]

GEWÖHNLICHE WEGWARTE [6.]
Cichorium intybus

Wuchs: mehrjährig, rosettig, Blütentriebe aufrecht, verzweigt, bis 150 cm hoch

Blatt: untere Blätter fiederlappig, obere Blätter lanzettlich

Blüte: Juli bis September, blau, gelegentlich auch rosa oder weiß

Standort: sonnig; kalkhaltige, lehmige, trockene Böden.

Pflege: im Spätsommer direkt im Beet aussäen, auf 30 × 30 cm vereinzeln, gelegentlich gießen, wenig düngen, im Herbst oder zeitigen Frühjahr vollständig zurückschneiden

Vermehrung: Aussaat im Spätsommer oder Teilung der Wurzelstöcke im Herbst oder Frühjahr

Ernte: im ersten Jahr nur junge Blätter, ab dem zweiten auch Blüten und Wurzeln

Verwendung: frische Blätter als Beigabe zu Gemüse und Salat, Blüten zum Garnieren von Süßspeisen, geröstete Wurzeln als Kaffee-Ersatz, Tee aus Kraut oder Wurzeln gilt als bitteres Anregungsmittel bei Appetitlosigkeit, die Volksheikunde nutzt die Pflanze zur Behandlung von Hautunreinheiten

NOCH MEHR WILDKRÄUTER FÜR DEN GARTEN: Baldrian, Bärlauch, Blut-Weiderich, Wald-Erdbeere, Gundermann, Knoblauchsrauke, Meerrettich, Sellerie, Rauke, Sauer-Ampfer, Weidenröschen, Wiesenknopf, Ziest.

[5.]

[6.]

[a]

DAS IST
wirklich
WICHTIG

[b]

[a] BAUERNGÄRTEN verkörpern bis heute ländlichen Charme. Sie sind pragmatisch angelegt, gut strukturiert und mit natürlichen Materialien gebaut. Besonders wichtig ist die Einfriedung, hier ein Esskastanien-Staketenzaun. Der Zaun markiert das Grundstück und hält räubernde Menschen und Tiere fern.

[b] GEMÜSE, BLUMEN UND KRÄUTER wachsen in Bauerngärten bunt gemischt nebeneinander. Seit der Barockzeit ist Buchsbaum das Element für die Gestaltung und Abgrenzung der einzelnen Beete. Buchshecken kennzeichnen das Wegesystem und teilen den Garten in einzelne Beete ein. Meist kreuzen sich die Wege in der Mitte des Gartens. Hier ist Platz für eine Rose, einen Brunnen oder eine Skulptur.

[c] BORRETSCH ist einjährig und wandert gern durch den Garten. Die Blätter würzen Suppen, kalte Soßen und Salate. Besonders attraktiv sind seine essbaren, blau leuchtenden Blüten.

[d] RINGELBLUMEN sind aus keinem Bauerngarten wegzudenken – einjährig, anspruchslos und ausgesprochen attraktiv. Einmal ausgesät, suchen sich Ringelblumen ihren Platz im Garten am liebsten selbst.

[e] KAPUZINERKRESSE gibt es in kriechenden und rankenden Formen. Sind die Wachstumsbedingungen gut, wächst sie schön breitflächig auf Beeten oder rankt an Spalieren oder Zäunen hoch. Besonders auffällig sind die frischgrünen, großen Blätter und ihre wunderschönen Blüten. Die Blätter schmecken scharf und passen gut in pikante Salate oder einfach aufs Brot. Die gelben, orangen oder roten Blüten sind auch essbar. Sie können mit Reis gefüllt werden oder sind eine schöne Deko fürs Buffet.

[c]

[d]

[e]

BAUERNGARTEN

Romantik pur

Bauerngärten wirken romantisch und stehen doch für Bodenständig-
keit. Sie beherbergen Nutzpflanzen wie Obst, Gemüse, Blumen und
natürlich auch Kräuter. Bauerngärten sind ungewöhnlich artenreich
und ausgesprochen attraktiv.

GANZ KLASSISCH

Unsere ersten Nutzgärten wurden durch Klöster dokumen-
tiert. Hinter den Klostermauern entstanden reine Nutzgärten
voller Obst, Gemüse und Kräuter und diese lieferten die Vor-
lagen für die Bauerngärten.

Bauerngärten dienten schon immer der Selbstversorgung und
waren oft repräsentativ. Anfangs wurden die Kräuter- und Ge-
müsearten der Klostergärten übernommen, doch später zogen
nach und nach auch neue Pflanzen ein. Damals wie heute werden Bauerngärten eingezäunt oder mit einer Hecke aus Rosen,
Haselnuss, Weißdorn, Schlehe oder Holunder umpflanzt. Im
Zeitalter der Renaissance zogen viele Formgehölze in den
Bauerngarten ein. Wichtigste Gestaltungsmerkmale sind seit-
her Buchshecken und geometrische Formen.

Aber auch Sitzplätze und Blickachsen haben große Bedeutung.
Klassische Bauerngärten werden immer noch in Kreuzform
angelegt. Im Zentrum des Kreuzes wächst eine Rose, steht ein
Brunnen oder es wird ein Blumenrondell bepflanzt. Die Wege
des Bauerngartens sind einfach, sie bestehen meist aus ge-
stampfter Erde, Kies oder Pflastersteinen.

ALTE KULTURTECHNIK – TOPAKTUELL

Bis heute wachsen im Bauerngarten Kräuter, Blumen und Gemüse in positiver Nachbarschaft und auch die Gesundheit von
Böden und Pflanzen spielt eine große Rolle. Besonders wichtig
war immer die nachhaltige Bewirtschaftung der Böden. Das
führte dazu, dass die Böden von Jahr zu Jahr fruchtbarer
wurden, obwohl viel geerntet wurde. Damals wie heute ist
die Fruchtfolge von zentraler Bedeutung. So sollte Petersilie
in jedem Jahr einen anderen Gartenstandort bekommen.
Für gesundes Kräuterwachstum und eine reiche Ernte sorgen
Kompostwirtschaft [→Seite 20–23], Kräuterbrühen [→Seite 50/51]
und auch Mischkulturen [→ Seite 86/87]. Gerade Kräuter können
helfen, andere Kulturpflanzen schädlingsfrei und
gesund zu halten. So vertreiben stark duftende Kräuter wie
Lavendel Blattläuse, Kräuter mit Scharfstoffen wie Senf,
Knoblauch oder Kapuzinerkresse halten Pilzerkrankungen
fern.

Sinnvoll ist es auch, den Zeitpunkt von Aussaat und Ernte nach
den Mondphasen zu bestimmen. Aussaatkalender geben wertvolle Hinweise.

PFLANZUNGEN VON BUNTEN BLUMEN gehören in jeden Bauerngarten. Rittersporn, Phlox, Goldfelberich und
auch Pfingstrosen dürfen als klassische Stauden genauso wenig fehlen wie einjährige Blumen, zum Beispiel
Löwenmäulchen, Kornblumen, Bechermalven oder auch Levkojen.

FRUCHTFOLGE

und Anbau in Mischkultur

Fruchtfolge und Mischkulturen sind das Erbe alter Bauerngärten und bis heute das A & O in jedem Nutzgarten. So bleiben die Kräuter gesund und reiche Ernten sind garantiert. Und auch der Boden profitiert und bleibt fruchtbar.

FRUCHTFOLGE

Bereits im Mittelalter wussten Bauern und Gärtner, dass der Gartenboden niemals über viele Jahre einseitig beansprucht werden darf. Rasche Bodenermüdung, Krankheiten und abnehmende Erträge wären die unerwünschte Folge.

Um das Thema Fruchtfolge richtig zu verstehen und später auch anwenden zu können, muss man wissen, dass unterschiedliche Pflanzen dem Boden auch unterschiedliche Nährstoffmengen entnehmen. Aus diesem Grund werden sie in Starkzehrer, Mittelzehrer und Schwachzehrer eingeteilt. Auf gut versorgten Böden werden zuerst Starkzehrer angebaut, die dem Boden viele Nährstoffe entziehen, im zweiten Jahr Mittel- und im dritten Schwachzehrer. Dann sind fast alle Nährstoffe verbraucht und der Boden wird durch Gaben von Gründünger, Mist oder Kompost wieder aufbereitet.

Die Fruchtfolge bietet einen großen Vorteil: Viele Pflanzen entnehmen dem Boden nicht nur Nährstoffe, sie scheiden über ihre Wurzeln auch schädliche Substanzen aus. Werden diese Substanzen über Jahre im Boden angereichert, fällt die Ernte immer spärlicher aus. Besonders bekannt ist das Problem durch den Anbau von Kohl oder Petersilie. Auch dieser Art von Bodenermüdung beugt die Fruchtfolge vor. Der Boden bleibt umso gesünder, je häufiger die Kulturen gewechselt werden.

DER NÄHRSTOFFBEDARF WICHTIGER KRÄUTER UND GEMÜSE

Starkzehrer	Mittelzehrer	Schwachzehrer
Estragon	Brunnenkresse	Bohnen
Gurke	Fenchel	Bohnenkraut
Kartoffeln	Knoblauch	Dill
Kohl	Kresse	Erbsen
Kürbis	Majoran	Kerbel
Lauch	Möhre	
Liebstöckel	Koriander	
Sellerie	Kümmel	
Tomaten	Petersilie	
Zucchini	Pimpinelle	
	Radieschen	
	Rote Bete	
	Salat	
	Schnittlauch	
	Spinat	
	Zwiebeln	

MISCHKULTUREN

Monokulturen sind in der Natur nirgends zu finden. Die Pflanzen leben vielmehr in verschiedenen Lebensgemeinschaften und immer auch gemeinsam mit Tieren. Schon früh beobachteten Mönche, dass auch Nutzpflanzen am besten in Lebensgemein-

schaften wachsen. Eine vielseitige Pflanzengemeinschaft wird daher seit jeher bei der Anlage von Mischkulturen angestrebt. Fast alle Pflanzen haben unterschiedliche Ansprüche an Wasser, Boden und Licht. Auch die Nachbarschaft verschiedener Pflanzen kann günstig oder problematisch sein. Es ist immer sinnvoll, mehrjährige Kräuter zusammenzufassen und einjährige Kräuter mit Gemüsekulturen zu mischen. Halbsträucher wie Lavendel, Salbei oder Ysop sind geeignet, um die Beete durch Kräuterhecken weiter zu unterteilen. Und starkwüchsige Kräuter wie Liebstöckel, Meerrettich oder Minze brauchen einen eigenen Platz. Einjährige Kräuter wie Ringelblume, Borretsch, Dill oder Senf werden zwischen die mehrjährigen Kräuter oder in die Gemüsereihen gesät. Die Pflanzen wachsen im Laufe des Sommers dicht zusammen und ergänzen sich gegenseitig. Bestimmte Nachbarschaften wirken vorbeugend oder abwehrend gegen Krankheiten und Schädlinge. So helfen die ätherischen Öle der Kräuter, schädliche Insekten zu vertreiben. Kräuter mit Scharfstoffen geben diese teilweise an den Boden ab. Benachbarte Pflanzen nehmen sie in Spuren auf und sind so weniger anfällig gegen viele Pilzkrankheiten.

PFLANZENNACHBARSCHAFTEN FÜR MISCHKULTUREN

Günstige Pflanzen-nachbarschaften	Ungünstige Pflanzen-nachbarschaften
Bohnen – Bohnenkraut – Rote Bete	Zwiebeln – Bohnen
Borretsch – Erdbeeren – Salat	Erbsen – Bohnen
Schnittlauch – Möhren – Salat	Fenchel – Tomaten
Zwiebeln – Möhren	Kartoffeln – Tomaten
Kümmel – Kohl – Gurken	Senf – Kohl
Sellerie – Lauch	Zwiebeln – Kohl
Petersilie – Tomaten	Petersilie – Salat
Rosmarin – Rote Rüben	Tomaten – Erbsen

MISCHKULTUREN helfen Pflanzen und Böden und wirken auf den Betrachter ungemein attraktiv. Sie verhindern, dass die Böden einseitig belastet werden und dämmen außerdem Krankheiten und den Befall von Schädlingen ein.

DAS IST *wirklich* WICHTIG

....

[a] JEDES KRAUT HAT SEINEN EIGENEN DUFT und wirkt anders. Meist sind es ätherische Öle, die uns Menschen in den Bann der Kräuter ziehen. Ihre Düfte sind süß, streng oder scharf und wecken in jedem Menschen ganz eigene Assoziationen. Kein Wunder, dass Kräuter seit jeher als Zauberpflanzen betrachtet werden. Sie fördern die Liebe, vertreiben Krankheiten oder bringen uns einfach viel Glück.

[a]

[b] DER DUFTGARTEN verwöhnt uns nicht nur mit Düften, sondern auch mit Farben. Geschickte Arrangements von blühenden Kräutern sind ausgesprochen schön und bringen unsere Sinne zum Überquellen. Ein Duftgarten gelingt am besten, wenn die Kräuter eines Beetes ähnliche Standortansprüche haben.

[b]

DUFTGARTEN

Aromatischer Genuss

Ein Kräutergarten regt alle Sinne an. Farben und Formen verwöhnen die Augen, doch wirklich einzigartig ist sein intensiver Duft. Scharf oder süß, aromatisch und durchdringend. Kräuterdüfte wecken Erinnerungen, steigern Emotionen und verleihen dem Garten eine ganz eigene Note.

DIE WELT DER DÜFTE

Häufig ist ihr intensives Aroma der wichtigste Grund, warum Kräuter verwendet werden. Rosmarin und Majoran machen lebhaft und fröhlich, Minze erfrischt den Geist, Beifuß erhöht die Wachsamkeit, Hopfen und Lavendel beruhigen die Nerven. Der Duft der Blätter ist meist kräftiger als der von Blüten. Kein Wunder, denn verantwortlich sind ätherische Öle und diese werden hauptsächlich in den Zellen der Blätter produziert. Die meisten Düfte verdampfen durch die Wärme der Sonne und das ist auch der Grund, warum Kräutergärten im Sommer besonders intensiv duften. Standort und Witterung sind also entscheidend für die Intensität. Düfte sind nicht nur ein Erlebnis für unsere Nasen, sie haben auch immer einen tieferen Sinn. Duftende Blüten ziehen Insekten für die Bestäubung an und auch das Gegenteil funktioniert recht gut. Viele Pflanzendüfte vertreiben für Pflanzen schädliche Insekten aus dem Garten.

DIE ENTSTEHUNG EINES DUFTBEETS

Ein Duftpflanzengarten kann seine Wirkung nur voll entfalten, wenn es schön warm ist und der Garten windgeschützt liegt. Planen Sie Ihr Duftbeet also am besten vor einer Mauer. Sie hält den Wind ab und speichert viel Wärme. Das Ergebnis ist ein intensives Dufterleben durch üppig wachsende Kräuter.

Ein so gestalteter Gartenraum schafft außerdem eine ganz eigene Atmosphäre; er lädt zum Wandeln, Genießen und Verweilen ein. Eine dichte Hecke kann die Alternative zu einer Mauer sein. Höhenunterschiede sind bei der Gestaltung eines Duftgartens immer willkommen. Hochbeete, Terrassen und Trockenmauern verteilen Düfte sehr gut. Wege und vor allem Sitzplätze in der Nähe der Duftbeete dürfen auch nicht fehlen. Ein interessanter Duftgarten beherbergt immer sehr unterschiedliche Pflanzen. Halbsträucher wie Salbei, Rosmarin oder Lavendel können als Tuffs oder als Hecken gepflanzt werden. Sie bilden das Grundgerüst. Einjährige, zweijährige und mehrjährige Kräuter werden in die Beete gepflanzt und können dort verwildern. Gut geeignete Duftkräuter sind Monarden, Katzenminze, Oregano, Mädesüß, Melisse, Minzen, Nachtkerzen. Kriechende Kräuter wie Mauerpfeffer oder Quendel (Feld-Thymian) sind sehr robust – sie wachsen an Trockenmauern, zwischen Trittplatten oder können als Duftrasen gepflanzt werden. Einige Kräuter wie Rosmarin, Zitronenverbene oder Fruchtsalvien sind frostempfindlich und gehören am besten in Kübel. Mediterrane Gehölze wie Zitrusbäumchen im Kübel ergänzen den Duftgarten und duftende Kletterpflanzen, Rosen und Blütensträucher geben den Kräutern einen schönen Rahmen und dem Garten die notwendige Struktur.

DUFTSÄCKCHEN SELBST HERSTELLEN: Zerbröseln Sie getrocknete Aromakräuter und füllen Sie diese in kleine Stoffsäckchen. Diese werden fest verschlossen und können zum Beispiel in den Kleiderschrank gelegt werden. Lavendel, Rosmarin oder Eberraute sind dafür sehr gut geeignet und Rosenblütenblätter, Minze oder Salbei erfreuen sich ebenfalls großer Beliebtheit. Wermut, Rainfarn und Heiligenkraut vertreiben Insekten.

[1.]

[2.]

[3.]

DUFTKRÄUTER

Von süß bis herb

Ein Duftgarten weckt alle Sinne. Formen, Farben und Aromen machen den Aufenthalt zum großen Genuss. Dabei geht es nicht immer um den Duft der Blumen, auch Kräuter haben viel zu bieten.

WEIN-RAUTE [1.]
Ruta graveolens
Wuchs: mehrjährig, buschig, im unteren Bereich verholzend, 40 bis 60 cm hoch
Blatt: zwei- bis dreifach gefiedert, blaugrau; herber, moschusartiger Duft
Blüte: grünlich gelbe Trugdolden von Juni bis September
Standort: sonnig; durchlässige, magere, kalkhaltige Böden
Pflege: Jungpflanzen in einem Abstand von 30 × 40 cm pflanzen oder nach Aussaat vereinzeln, ausreichend gießen, Staunässe vermeiden, wenig düngen, im Frühjahr zurückschneiden
Vermehrung: Aussaat (Lichtkeimer), Stecklinge, Absenker
Ernte: Blätter vor der Blüte
Verwendung: frisch und nur sparsam verwenden, das intensive Gewürz passt zu Salaten, Fleisch und Fisch und dient als Aroma für Kräuterlikör. Nicht während der Schwangerschaft verwenden!
Vorsicht: Die Pflanze wirkt phototoxisch – das Berühren der Blätter kann bei hoher Sonneneinstrahlung zu Hautjucken und Ausschlag führen!

KATZENMINZE [2.]
Nepeta cataria
Wuchs: mehrjährig, locker buschig, bis 100 cm hoch, herber, zitronenartiger Duft
Blatt: oval und lang zugespitzt, grob gezähnt, graugrün
Blüte: Juni bis September in rosaweißen Scheinquirlen
Standort: sonnig bis halbschattig; nahrhafte, durchlässige Böden
Pflege: Pflanzenabstand etwa 40 × 40 cm; Rückschnitt nach dem ersten Blütenflor, um das Wachstum eines zweiten Blütenflores anzuregen
Vermehrung: Aussaat im Frühjahr (Lichtkeimer), Teilung nach der Blüte oder Absenker und Stecklinge im Sommer
Ernte: junge Blätter während des ganzen Jahres, ganze Triebe zur Blütezeit
Verwendung: frisch verzehren oder getrocknet als Gewürz für Suppen und Soßen verwenden, die Blüten sind Bestandteil von Teemischungen

DUFTGERANIE [3.]
Pelargonium spec.
Wuchs: mehrjähriger, aber nicht frostharter, buschiger Halbstrauch, teilweise überhängend, 50 bis 100 cm hoch
Blatt: meist eingeschnitten bis gelappt, oft stark behaart, Duftrichtungen von zitronig-fruchtig über süß-herb bis harzig
Blüte: Juni bis Oktober; in rosa, weißen oder violetten Dolden stehend, oft auch mehrfarbig

Standort: sonnig; durchlässige, nährstoffreiche, leichte Böden
Pflege: bei uns nur als Topfkultur möglich, gleichmäßig gießen und düngen, hell und frostfrei überwintern, Rückschnitt im Frühjahr
Vermehrung: Stecklinge im Sommer
Ernte: Blätter oder Blüten von Frühling bis Herbst
Verwendung: die Blätter eignen sich – sparsam verwenden! – zum Aromatisieren von Süßspeisen und Getränken, die Blüten zur Garnierung von Desserts
Sortentipps: *Pelargonium graveolens* 'Roberts Lemon Rose' – Rosenaroma zum Aromatisieren von Tee, *Pelargonium fragrans* – Muskatnuss-Aroma, zum Würzen geeignet, *Pelargonium quercifolium* 'Royal Oak' – harziges Aroma, *Pelargonium crispum* 'Queen of Lemon' – zitroniges Aroma

NACHTKERZE [4.]
Oenothera biennis
Wuchs: zweijährig, horstig mit locker aufrechten Blütenstielen, 50 bis 100 cm hoch
Blatt: lanzettlich und zugespitzt
Blüte: von Juni bis August öffnen sich abends gelbe becherförmige Einzelblüten mit süßlichem Duft
Standort: sonnig; alle Böden mit geringem bis normalem Nährstoffgehalt
Pflege: Pflanzabstand 20 × 20 cm, wenig gießen und düngen, Rückschnitt nach der Blüte verhindert ein zu starkes Ausbreiten
Vermehrung: Aussaat im Sommer (Lichtkeimer), Vorsicht: neigt zur Selbstaussaat!
Ernte: Blätter und Wurzeln im ersten Jahr, Blüten und Samen im zweiten Jahr
Verwendung: Tee aus Blüten und Blättern hilft bei Durchfällen und Tee aus Samen bei Erkältungen und Husten (Volksheilkunde). Nachtkerzenöl ist Bestandteil von Präparaten, die innerlich und äußerlich zur unterstützenden Behandlung von trockener Haut und Neurodermitis eingesetzt werden

EBERRAUTE [5.]
Artemisia abrotanum
Wuchs: mehrjährig, verholzender Halbstrauch, buschig, 90 bis 120 cm hoch
Blatt: mehrfach gefiederte, nadelförmige, graugrüne Blättchen, wintergrün; herbaromatischer, leicht zitroniger Duft
Blüte: Juli bis Oktober, blassgelb in rispenartigen Blütenständen
Standort: sonnig; magere, kalkhaltige, durchlässige Böden
Pflege: Pflanzen mit Abstand 60 × 60 cm setzen, wenig düngen, ältere Pflanzen gelegentlich im Frühjahr zurückschneiden
Vermehrung: Stecklinge oder Absenker im Sommer
Ernte: junge Triebspitzen während des ganzen Sommers, zum Trocknen auch blühende Zweige
Verwendung: frisch oder getrocknet zum Würzen von Soßen, Fleischgerichten und Salaten – wegen seines sehr intensiven Geschmackes nur sparsam verwenden, die Volksheilkunde nutzt die Pflanze zur Anregung der Magen- und Gallensaftsekretion

MUSKATELLER-SALBEI [6.]
Salvia sclarea
Wuchs: zweijährig, rosettig mit buschigen Blütentrieben, 100 bis 150 cm hoch
Blatt: breit-eiförmig, gezähnt, runzelig, graugrün
Blüte: Juni bis August, hellviolette Ähren
Standort: sonnig; durchlässige, kalkhaltige Böden
Pflege: Freilandaussaat im Frühjahr oder im Sommer, auf Endabstand von 40 × 40 cm vereinzeln, ausreichend gießen und düngen
Vermehrung: Aussaat
Ernte: Blätter und Blüten zur frischen Verwendung während des ganzen Sommers, Blätter zum Trocknen vor der Hauptblütezeit (gebündelt trocknen)
Verwendung: Blätter und Blüten frisch oder getrocknet als Tee gegen Verdauungsstörungen, Krämpfe und Menstruationsbeschwerden (nicht für den Dauergebrauch!), frische Blüten würzen Omlettes, Süßspeisen und Säfte

[4.]

[5.]

[6.]

[1.]

[2.]

[3.]

LAVENDEL

Typisch französisch

Die Provence ist das Land der Düfte, viele berühmte Parfums stammen von dort. Berühmt sind auch die Bilder der unendlichen Lavendelfelder, die sich bis zum Horizont erstrecken. Lavendel gibt es in zahlreichen Arten und Sorten.

ECHTER LAVENDEL

Lavandula angustifolia

Wuchs: mehrjähriger, buschig verzweigter Halbstrauch, im unteren Bereich verholzend, 30 bis 60 cm hoch

Blatt: immergrün, länglich, schmal mit eingerollten Blatträndern, silbrig grau.

Blüte: Ähren mit blauvioletten Lippenblüten, von Juni bis September

Standort: sonnig; warme, trockene, durchlässige, etwas kalkhaltige Böden

Pflege: Pflanzabstand etwa 30 × 30 cm, gelegentlich gießen und düngen, Staunässe vermeiden, Rückschnitt im Frühjahr bis in das alte Holz, Winterschutz bei rauem Klima zu empfehlen

Vermehrung: Aussaat im Frühjahr (Lichtkeimer), Stecklinge vor der Blüte

Ernte: junge Blätter während der gesamten Vegetationsperiode, Blütenstiele nach dem vollständigen Aufblühen

Verwendung: Blüten können als Tee oder in Teemischungen bei Unruhe, Einschlafstörungen sowie bei Migräne helfen, werden zusammen mit Melisse und Hopfen in Schlaf- und Kräuterkissen verwendet, eignen sich zur Garnierung von Süßspeisen oder zur Herstellung von Lavendelzucker, auch wirksam gegen Motten; junge Blätter würzen – sparsam verwenden! – Fischgerichte, Eintopf und Geflügel

ECHTER LAVENDEL – SORTENTIPPS

Sorte	Wuchs	Blüte
'Alba'	kompakt, wüchsig	weiß
'Blue Cushion' [1.]	kompakt, gut geeignet für Kräuterhecken	leuchtend blau
'Hidcote Blue'	kompakt	dunkelviolett
'Imperial Gem'	wüchsig, groß	lange Blütenstiele mit haltbaren Blüten
'Lady'	kompakt	üppig blühend
'Maillette'	wüchsig, ertragreich	reich und lange blühend, starkes Aroma
'Miss Katherine'	wüchsig	spät blühend, kräftiges Aroma
'Munstead' [2.]	wüchsig	früh blühend, intensiv blaue Büten
'Rosea' [3.]	kompakt	gutes Aroma, rosa Blüten
'Royal Purple'	wüchsig, groß	lange, violettblaue Blütenstände

ZAHN-LAVENDEL [4.]

Lavandula dentata
Wuchs: groß, buschig wachsend
Blatt: mit gezähnten Rändern
Blüte: hellblau, duftet harzig
Pflege: nur für die Topfkultur geeignet, trocken halten, Staunässe vermeiden, gelegentlich düngen, frostfrei überwintern, Rückschnitt im Frühjahr
Verwendung: essbare Blüten, Tee- und Räucherpflanze, Floristik

SCHOPF-LAVENDEL [5.]

Lavandula stoechas
Wuchs: groß, buschig wachsend
Blatt: ähnlich dem Echten Lavendel
Blüte: violettfarben mit rosa oder weißen Hochblättern, duftet nach Zimt und Kampfer
Pflege: trocken halten, Staunässe vermeiden, gelegentlich düngen, frostfrei überwintern, Rückschnitt im Frühjahr
Verwendung: Blätter als Gewürz, Blüten für Teemischungen geeignet

SPEIK-LAVENDEL [6.]

Lavandula latifolia
Wuchs: ähnelt dem Echten Lavendel, wird aber etwas größer
Blatt: länger als beim Echten Lavendel
Blüte: verzweigte Blütenstände
Pflege: trocken halten, Staunässe vermeiden, gelegentlich düngen, frostfrei überwintern, da frostempfindlich ab –5 °C, Rückschnitt im Frühjahr
Verwendung: wie der Echte Lavendel, die Blüten werden auch zur Destillation von Speiköl verwendet, einem Rohstoff für die Parfumherstellung und die pharmazeutische Industrie

PROVENCE-LAVENDEL

Lavandula × intermedia
Wuchs: Kreuzung aus dem Echten Lavendel und dem Speik-Lavendel, von diesen optisch kaum zu unterscheiden.
Blatt: ähnlich dem Echten Lavendel
Blüte: ähnlich dem Echten Lavendel
Pflege: trocken halten, Staunässe vermeiden, gelegentlich düngen, frostempfindlich ab –10 °C, daher Überwinterung nur in milden Gegenden ohne Winterschutz möglich, Rückschnitt im Frühjahr
Verwendung: wie der Echte Lavendel, Blüten werden auch zur Destillation von Lavandinöl verwendet – Lavandinöl ist Rohstoff für die Parfumherstellung und die pharmazeutische Industrie

PROVENCE-LAVENDEL – SORTEN-TIPPS

Sorte	Wuchs	Blüte
'Alba'	groß, wüchsig	weiß
'Bleu de Collines'	kompakt, wüchsig	blühfreudig, intensiv duftend
'Blue Dwarf'	kompakt, gut geeignet für Kräuterhecken	langstielig
'Dutch'	silbrige Blätter	lange Blütenstiele, violettblau
'Felibre'	wüchsig	blühfreudig, kräftig violett
'Grosso'	graues Laub	große, lange Blütenstände
'Julien'	langsam wachsend	violett
'Speciale'	stattlicher Wuchs	spät blühend, violett
'Sumian'	starkwüchsig, groß	große, lavendelblaue Blüten

[4.]

[5.]

[6.]

[a]

DAS IST *wirklich* WICHTIG

[a] DER DUFTRASEN ist ein wunderbares Gartenelement – er besticht mit herrlichen Farben und Düften, ist pflegeleicht und begehbar. Am schönsten wirkt der Duftrasen an einem sonnigen Standort, doch es gibt auch Pflanzen für schattigere Bereiche.

[b]

[b] DIE KORSISCHE MINZE wächst teppichartig, blüht farbenfroh und verströmt einen intensiven Duft. Damit ist sie bestens für die Anlage eines Duftrasens geeignet. Doch Vorsicht an wenig geschützten Standorten: Diese Minze-Art ist kaum winterfest.

[c] WEGE können auch gut als Duftrasen gestaltet werden. Werden die richtigen Kräuter gepflanzt, wachsen sie einfach kriechend durch die Fugen. Das Bild zeigt ein Holzpflaster, kombiniert mit verschiedenen Thymian-Arten.

[c]

KRÄUTER-TEPPICH

Duftender Rasen

Ein Duftrasen ist wie ein duftender Teppich aus Kräutern – ein besonderes Gartenelement, das wir aus England kennen. Einmal richtig angelegt, macht uns der Duftrasen viel Freude: attraktiv, pflegeleicht und mit eigenen Duftkompositionen.

DUFTRASEN RICHTIG ANLEGEN

Der Duftrasen ist eine gute Alternative zu Rasenflächen oder Blumenbeeten. Besonders in der Nähe von Sitzplätzen und Terrassen erfreuen uns die Kräuter mit hübschen Blüten und herrlichem Duft. Und besonders schön ist es, wenn Sie sich auf den Duftrasen legen oder über ihn gehen. Das schadet den Kräutern kaum und ihr Duft wird noch intensiver. So ergibt sich ein völlig neues Gartenerlebnis und auch Bienen und Schmetterlinge fühlen sich wohl.

Natürlich ist auch bei der Anlage von Duftrasen die Planung besonders wichtig. Lernen Sie als Erstes Ihren Boden gut kennen. Ist er schwer oder leicht und hat er genug Nährstoffe? Wenn Sie das wissen, informieren Sie sich bitte gut über die Ansprüche der einzelnen Kräuter und wählen Sie dann die passenden aus. Thymian, Rasenkamille und Oregano mögen trockene, nährstoffarme Böden und Waldmeister oder Bärlauch brauchen es nährstoffreich und feucht. Steht die Pflanzenauswahl fest, geht es an die praktische Arbeit. Zunächst sollten die vorgesehenen Flächen vollständig von unerwünschten Pflanzen befreit werden. Nun wird der Boden tief gelockert, eventuell gedüngt und bei Bedarf mit Kompost oder Sand verbessert. Anschließend kommt das Harken an die Reihe – dann kann gepflanzt werden.

GEEIGNETE PFLANZEN

Vor dem Pflanzeneinkauf müssen Sie das Beet vermessen und ein wenig rechnen: Wichtig ist es, dass Sie von Anfang an genug Kräuter pflanzen. Nur so wächst die Fläche schnell zu und unerwünschte Wildkräuter haben kaum eine Chance. Planen

Sie auch einige Trittplatten ein. Das schont die Kräuter auf den wichtigsten Laufwegen. Ideal sind Natursteinplatten aus Kalk oder Sandstein. Sie passen schön zu Kräutern und gerade Kalk gibt zusätzlich wichtige Nährstoffe frei. Je nach verwendeter Pflanzenart liegt der Bedarf bei 10 bis 25 Pflanzen pro Quadratmeter. Besonders langsam wachsende Kräuter wie Thymian [→ a] werden dicht gepflanzt und starkwüchsige wie Goldnessel oder Monarden können etwas lockerer stehen. Der besondere Clou: Extremstandorte können durch eine geschickte Auswahl an Pflanzen stark aufgewertet werden. Für trockene und sonnige Lagen eigen sich Thymian, Oregano, Korsische Minze [→ b] und Rasenkamille besonders gut. Pflanzen für den sonnigen Standort sind meist trittfest und damit auch zur Bepflanzung von Fugen zwischen Wegplatten gut geeignet. In schattigen Bereichen fühlen sich Waldmeister, Haselwurz oder Bärlauch sehr wohl. Allgemein sind Schattenpflanzen etwas empfindlicher und somit nicht trittfest.

DIE RICHTIGE PFLEGE

Zum Anwachsen der Kräuter sollte das Beet ständig feucht gehalten werden. Wichtig ist, dass Sie während des Wachstums auflaufende Wildkräuter sorgfältig und regelmäßig zwischen den Stauden entfernen. Bei höheren Stauden wie Monarden oder Taubnesseln sollten die abgestorbenen Pflanzenteile im Frühjahr herausgeschnitten werden. Mediterrane Kräuter wie kriechendes Bohnenkraut oder Thymian werden wenig gegossen und stehen auch längere Trockenperioden durch.

[1.]

[2.]

[3.]

THYMIAN

Duft, Würze & Heilkraft

Thymian ist ein faszinierendes Kraut. Er ist aromatisch, sehr robust und kann nicht nur im Duftrasen verwendet werden. Thymian ist eine ganz klassische Heil- und Gewürzpflanze und hat zahlreiche Kulturformen.

ECHTER THYMIAN [1.]

Thymus vulgaris
Wuchs: mehrjährig, polsterbildend, 10 bis 40 cm hoch, im unteren Bereich verholzend
Blatt: immergrün, rundlich bis eiförmig, unterseits behaart
Blüte: Juni bis September, weiß bis lilarosa
Standort: sonnig; durchlässige, kalkhaltige Böden
Pflege: Vorkultur ab März unter Glas oder Freilandaussaat nach den letzten Frösten im Mai, Pflanzabstand beträgt abhängig von der Sorte etwa 20 × 20 cm, gelegentlich wässern, kaum düngen, bei Bedarf im Frühjahr zurückschneiden
Vermehrung: Aussaat (Lichtkeimer), Absenker oder Stecklinge
Ernte: bei Bedarf frische Triebe und Blätter, zum Anlegen von Wintervorräten das ganze Kraut zur Blütezeit schneiden, bündeln und trocknen
Verwendung: frisch oder getrocknet in kleinen Mengen zum Würzen von Fleisch- und Kartoffelgerichten, Suppen und Soßen, wirkt verdauungsfördernd, Tee hilft bei Entzündungen der oberen Luftwege, Rohstoff für die Likörindustrie
Geschichte: schon im alten Ägypten wurde Thymian angebaut, um Leichenharze zu parfümieren; es ist anzunehmen, dass die Pflanze bereits damals arzneilich verwendet wurde; bei uns wurde Thymian erstmals in den Klostergärten des Mittelalters angebaut und ist seitdem in allen wichtigen Kräuterbüchern beschrieben

ECHTER THYMIAN – SORTENTIPPS

Sortenname	Deutscher Name	Eigenschaften
'Argentus'	Silber-Thymian	weißbuntes Laub
'Compactus'	Zwerg-Thymian	buschig, ertragreich, aromatisch
'Chateau Queribus'	Französischer Thymian	knorriger Wuchs, kleines Laub, liebliches Aroma
'Fredo'	Kugel-Thymian	kompakt, für Kräuterhecken

SAND-THYMIAN [2.]

Thymus serpyllum
Wuchs: mehrjährig, polsterbildend, 10 bis 25 cm hoch; robuste, einheimische Art
Blatt: immergrün, rundlich bis eiförmig, etwas größer als beim Echten Thymian
Blüte: Juni bis September, rosa

Standort: frische bis trockene, durchlässige Böden
Vermehrung: Aussaat, Absenker oder Stecklinge
Pflege: kaum gießen oder düngen, Rückschnitt gelegentlich im Frühjahr
Verwendung: frisch oder getrocknet genau wie der Echte Thymian als Teepflanze und Gewürz, ist jedoch weniger aromatisch
Geschichte: bevor der Echte Thymian im Mittelalter bei uns eingeführt wurde, wurde Sand-Thymian gesammelt und als Heilpflanze und Gewürz verwendet

ZITRONEN-THYMIAN [3.]
Thymus × citriodorus
Wuchs: polsterbildend, bis 20 cm hoch, weit verbreitete Weiterzüchtung des Sand-Thymians
Blatt: immergrün, rundlich bis eiförmig, Sorten unterscheiden sich durch verschiedene Laubfärbungen (siehe Tabelle)
Blüte: Juni bis September, rosa
Standort: durchlässig, kalkhaltige Böden
Vermehrung: Stecklinge
Pflege: wenig gießen, Rückschnitt im Frühjahr
Verwendung: wird wegen seines feinen Aromas in der Küche zum Würzen von Salaten, Fischgerichten und Soßen geschätzt, auch als Teepflanze und zum Aromatisieren von Honig

ZITRONEN-THYMIAN – SORTEN-TIPPS

Sortenname	Eigenschaften
'Aureus'	aufrecht, gelbbuntes Laub, süßes Zitronenaroma
'Golden Dwarf'	polsterbildend, gelbgrünes Laub, stark zitronig
'Grün'	aufrecht, grünes Laub, Schatten vertragend
'Variegatus'	aufrecht, weißgrünes Laub

ORANGEN-THYMIAN [4.]
Thymus fragrantissimus
Wuchs: kompakt, aufrecht buschig, 25 bis 30 cm hoch
Blatt: rundlich bis eiförmig, graugrün
Blüte: Juni bis August, weiß bis rosa
Standort: frische bis trockene, durchlässige, auch steinige Böden
Vermehrung: Aussaat oder Stecklinge
Pflege: nicht ganz winterfest, daher Winterschutz empfehlenswert
Verwendung: fruchtig-aromatische Teepflanze, Küchengewürz, auch für Süßspeisen

KÜMMEL-THYMIAN [5.]
Thymus herba-barona
Wuchs: niederliegend, 15 bis 30 cm hoch
Blatt: rundlich bis eiförmig, graugrün
Blüte: Juni bis August, rosa, selten blühend
Standort: frische bis trockene, durchlässige, auch steinige Böden
Vermehrung: Aussaat oder Stecklinge
Pflege: wenig gießen oder düngen, nicht ganz winterfest, daher Winterschutz empfehlenswert
Verwendung: Küchenkraut mit Kümmel-Aroma für deftige Speisen wie Suppen, Fleisch, Kartoffeln, auch als Teepflanze

LAVENDEL-THYMIAN [6.]
Thymus thracicus
Wuchs: buschig, kompakt, 20 bis 30 cm hoch
Blatt: rundlich bis eiförmig, grün
Blüte: Juni bis August, weiß
Standort: frische bis trockene durchlässige, auch steinige Böden
Vermehrung: Aussaat oder Stecklinge
Pflege: nicht ganz winterfest, daher Winterschutz empfehlenswert
Verwendung: Küchenkraut mit harzig pikantem Aroma, wird zum Würzen von deftigen Suppen und Fleischgerichten verwendet

[4.]

[5.]

[6.]

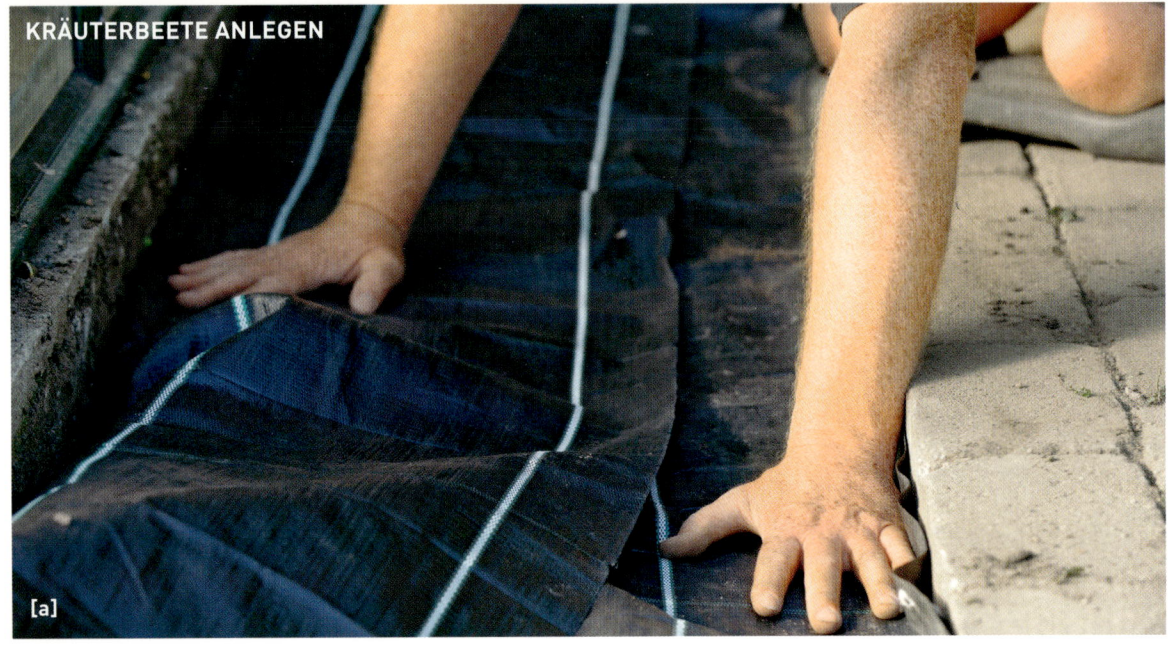

[a]

[b]

DAS IST *wirklich* WICHTIG

[a] KENNZEICHNEN Sie das Kiesbeet, setzen Sie bei Bedarf Kantensteine und tragen Sie etwa 10 cm Erde ab. Anschließend wird eine stabile, perforierte Folie, hier Bändchengewebe, ausgelegt. Bei Bedarf werden die Ränder abgeschnitten oder umgeschlagen.

[b] ALS NÄCHSTES DAS BEET bis zum Rand mit Kies auffüllen und glatt streichen. Bitte wählen Sie den Kies in einer zur Umgebung passenden Farbe und Körnung aus.

[c] BEI DER AUSWAHL DER PFLANZEN ist zu beachten, dass sie Wärme mögen und auch mit relativ trockenen Standorten gut zurechtkommen. Mediterrane Kräuter wie Salbei oder Lavendel sind sehr gut geeignet. Auch wuchernde Kräuter wie Melisse passen ins Kiesbeet. Verteilen Sie die Pflanzen auf dem Kies.

[d] SCHIEBEN SIE AN DEN PFLANZSTELLEN den Kies zur Seite und schlitzen Sie die Folie kreuzförmig ein. Die Kräuter werden ausgetopft und gepflanzt. Zum Schluss wird gegossen und die Kiesfläche planiert.

KRÄUTER NICHT ZU TIEF INS KIESBEET SETZEN!

[c]

[d]

DAS KIESBEET

Für anspruchslose Sonnenanbeter

Kiesbeete sind praktisch und liegen im Trend, vor allem in modernen, puristisch angelegten Gärten. Doch auch im Kräutergarten sind sie ideal für mediterrane Kräuter. Die Steine speichern viel Wärme und geben sie langsam wieder ab.

PFLEGELEICHTER WÄRMESPEICHER

Kieselsteine speichern viel Wärme und geben diese langsam an die Umgebung wieder ab – ideal für Kräuter, die Wärme lieben. Die Kiesschicht wirkt gleichzeitig wie eine Mulchschicht. Das Leben spendende Wasser bleibt im Boden, wird von den Pflanzen aufgenommen und kann nicht ungenutzt verdunsten. Außerdem ist das Kiesbeet schön pflegeleicht, denn Unkräuter tun sich hier schwer. Und es gibt noch einen großen Vorteil: Schnecken kriechen sehr ungern über Kiesflächen, sie suchen daher ihre Nahrung lieber in einem anderen Beet. Die steinige Bodendecke verleiht dem Beet einen sehr eigenwilligen Charakter, egal ob Flusskies, Schiefer oder Kalkstein den Kräutern einen passenden Rahmen geben. Für zusätzliche Abwechslung im Kiesbeet sorgen Felsbrocken oder Findlinge.

SCHRITT FÜR SCHRITT ZUM KIESBEET

Kiesbeete brauchen volle Sonne und einen durchlässigen Untergrund. Schöne Plätze liegen an der Südseite von Mauern oder Häusern. Ist der Boden zu schwer, sollte die Fläche tief gelockert und mit Sand oder Schotter und Kompost aufbereitet werden. Damit das Beet immer in dieser Form bleibt, bekommt der Kies eine passende Begrenzung. Diese kann aus Ziegeln, Beton- oder Pflastersteinen gebaut werden. Zuerst wird die Beetform auf der Erde markiert, ein etwa 40 cm tiefer Graben ausgehoben und darin die Kantensteine in ein Mörtelbett gesetzt. Ist der Mörtel schön fest, wird eine etwa 10 cm starke Schicht Erde abgetragen. So wird verhindert, dass die Kiesschicht über das Bodenniveau kommt. Lockern Sie jetzt den Boden noch einmal tiefgründig und arbeiten Sie bei Bedarf noch Kompost oder auch Dünger ein. Das Beet wird gerade geharkt und dann mit Bändchengewebe [→ a] oder Schutzflies abgedeckt. So wird verhindert, dass sich später viele Unkräuter im Kiesbeet breitmachen können. Dann wird Kies aufgebracht [→ b] – zu mediterranen Kräutern passt am besten Kalkstein als Kiesfüllung, er löst sich ganz langsam auf und versorgt so die Kräuter mit wichtigen Mineralien. Alternativ kann auch Muschelkies ausgebracht werden.

Wählen Sie trockenheitsliebende, anspruchslose Kräuter aus, am besten sind neben Berg-Bohnenkraut, Melisse und Eberraute mediterrane Kräuter geeignet [→ Seite 102/103]: Sie lieben die Wärme und kommen, einmal angewachsen, ohne viel Wasser aus.

Wässern Sie die Kräuter vor dem Einpflanzen gründlich und verteilen Sie sie locker über die Fläche. [→ c] Wichtig ist zu beachten, dass die Pflanzen sich durch Kies und Folie nicht wirklich weit ausbreiten können. Pflanzen Sie also lieber gleich Gruppen von Kräutern mit mehreren Töpfen nebeneinander. Vor dem Pflanzen [→ d] wird an den entsprechenden Pflanzstellen der Kies beiseitegeschoben und die Unkrautsperre an den Pflanzstellen kreuzförmig eingeschnitten. Nach dem Pflanzen wird durchdringend gegossen. So können die Kräuter gut anwachsen.

Später ist außer dem Rückschnitt im Frühjahr oder gelegentlichem Durchputzen wenig zu tun. Kiesbeetkräuter brauchen nach dem Anwachsen nicht gegossen und nur gelegentlich flüssig gedüngt zu werden.

DAS IST *wirklich* WICHTIG

[a] ZAHLREICHE MEDITERRANE KRÄUTER haben silberne Blätter und blaue Blüten: Lavendel, Salbei, Römischer Wermut und Oregano ergeben ein ausgewogenes Bild.

[b] VIELE THYMIANARTEN UND -SORTEN haben bläulich grüne Blätter und weiße Blüten. Sie bilden attraktive Polster im Garten.

[c] SALBEIBLÄTTER schimmern silbrig und verströmen einen intensiven Duft. Mit seinen blauen Blüten passt das Kraut perfekt in unser Themenbeet.

[d] MUSKATELLER-SALBEI ist eine stattliche Pflanze mit tollen Blütenständen. Seine blaugrünen Blätter sind silbrig behaart und die großen Blütenstände sind in jedem Kräuterbeet der Star.

BEET IN BLAU UND SILBER

Mediterranes Feeling

Der Kräutergarten wirkt immer wie eine Offenbarung für alle Sinne, doch nicht jedermann mag bunt gemischte Kräuterbeete. Stilecht und immer etwas ganz Besonderes ist ein Kräuterbeet in Silber und Blau gehalten.

Klassisch und mediterran wirkt ein Kräuterbeet mit silberfarbenen Blättern und blauen Blüten. Es sorgt für Weite selbst im kleinsten Garten und überzeugt durch Ruhe und edles Aussehen – ideal für formale Gärten und moderne Architektur.

DIE ANLAGE

Begutachten Sie den Standort und entscheiden danach, welche Pflanzen dort gedeihen können. Natürlich spielt die Besonnung des Beetes die größte Rolle, aber auch auf den Boden kommt es an. Die meisten Kräuter in Blau und Silber stammen aus dem Mittelmeerraum und benötigen daher viel Sonne und Wärme und einen durchlässigen, nicht allzu nährstoffreichen Boden. Ist der Boden zu lehmig, kann er mit Sand aufbereitet werden und eine reichliche Kompostgabe ist in jedem Fall gut. Ist alles vorbereitet, hilft eine Bodenprobe, den Nährstoffgehalt zu bestimmen und gegebenenfalls Kalk und andere Düngemittel zu ergänzen. Der Boden wird tiefgründig gelockert und anschließend gerade geharkt. Dann kann gepflanzt werden. Zunächst werden die mehrjährigen Kräuter so großzügig im Beet verteilt, dass sie sich über mehrere Jahre am Standort entwickeln können. Gut ist es immer, kleine Gruppen von Halbsträuchern oder Stauden zu pflanzen und zwischen den Gruppen ausreichend Platz zu lassen. Die größten Pflanzen kommen in die Mitte des Beetes und kleinere an den Rand. Die unterschiedlichen Kräuter können auch gut genutzt werden, um die Horizontale des Beetes interessant zu modellieren. Zwischen die einzelnen Pflanzengruppen können Kalksteine gelegt werden. Sie dienen als Trittplatten und versorgen den Boden dauerhaft mit etwas Kalk. In den ersten zwei Jahren kann es sinnvoll sein, zwischen den Pflanzengruppen einjährige Kräuter zu säen, so ist das Beet von Anfang an gut mit Pflanzen gefüllt. Nach der Pflanzung wird das Beet ausreichend feucht und von Wildkräutern frei gehalten. Wenn die Pflanzendecke sich nach einiger Zeit geschlossen hat, ist das Kräuterbeet in Blau und Silber ein echter Hingucker und außerdem sehr pflegeleicht.

PFLANZEN FÜR EIN SONNIGES BEET

Deutscher Name	Botanischer Name	Wuchs	Blütezeit
Borretsch	*Borago officinalis*	einjährig, bis 80 cm	Mai bis September
Lavendel (in Sorten)	*Lavandula* spec.	mehrjährig, bis 60 cm	Juni bis August
Lein	*Linum usitatissimum*	einjährig, bis 100 cm	Juni bis August
Rosmarin	*Rosmarinus officinalis*	mehrjährig, bis 60 cm	März bis Juni
Salbei (in Sorten)	*Salvia* spec.	mehrjährig, bis 60 cm	Juni bis August
Schwarzkümmel	*Nigella sativa*	einjährig, bis 30 cm	Juni bis Juli
Wermut, Römischer	*Artemisia pontica*	mehrjährig, bis 60 cm	unscheinbar
Ysop	*Hyssopus officinalis*	mehrjährig, bis 60 cm	Juli bis August

[1.]

[2.]

[3.]

AROMA DES SÜDENS

Mediterrane Kräuter

Viele mediterrane Kräuter erinnern uns an Sonne und Wärme, bestechen durch ihr intensives Aroma und sind wohl gerade deswegen auch bei uns besonders beliebt. Sie sind anspruchslos und benötigen wenig Wasser und Nährstoffe.

OREGANO, GEWÖHNLICHER DOST [1.]

Origanum vulgare

Wuchs: mehrjährig, dichtbuschig, bis 50 cm hoch, Ausläufer bildend

Blatt: eiförmig, flaumig behaart

Blüte: Juli bis September, rosa oder weiß in Trugdolden

Standort: sonnig; durchlässige, trockene Böden

Pflege: Platzbedarf etwa 30 × 30 cm

Vermehrung: Aussaat im Freiland ab April (Lichtkeimer) oder Teilung des Wurzelstocks im Herbst

Ernte: junge Blätter und Triebe jederzeit zum Frischverzehr, krautige Pflanzenteile während der Blütezeit zum Trocknen für Vorräte

Verwendung: frisch oder getrocknet ein beliebtes Gewürz für Pizza, Salate und Nudelgerichte; die Volksmedizin verwendet Dost bei Erkrankungen der Atemwege und bei Verdauungsbeschwerden; das ätherische Öl ist Bestandteil vieler Kräuterlikörrezepturen

ROSMARIN [2.]

Rosmarinus officinalis

Wuchs: dichtbuschiger Strauch, im unteren Bereich verholzend, kann am Naturstandort oder in einem großen Kübel bis zu 2 m hoch werden

Blatt: immergrün, linealisch, eingerollt, ledrig, dunkelgrün, unterseits graufilzig

Blüte: von März bis Juni in blassblauen Scheinquirlen

Standort: sonnig; karge, humose, durchlässige Böden

Pflege: winterfeste Sorten an geschützten Stellen in den Garten pflanzen (40 × 40 cm), in ungünstigen Lagen oder für nicht frostharte Sorten ist die Topfkultur ratsam

Vermehrung: Stecklinge oder Absenker im Frühjahr oder Sommer

Ernte: bei Bedarf Blätter, Zweigspitzen und Blüten

Verwendung: intensives Gewürz für mediterrane Gerichten wie Fleisch, Fisch, Geflügel und Suppen, die essbaren Blüten eignen sich zur Garnierung von Speisen sowie zur Herstellung von Rosmarinzucker

YSOP [3.]

Hyssopus officinalis

Wuchs: mehrjährig, dichtbuschig, 30 bis 60 cm hoch, im unteren Bereich verholzend

Blatt: wintergrün, lanzettlich, behaart, mit Öldrüsen

Blüte: Juli und August, blau, weiß oder violett in Ähren

Standort: sonnig; nahrhafte, kalkhaltige, gut durchlässige, trockene Böden
Pflege: Pflanzabstand 40 × 40 cm, regelmäßiger Rückschnitt im Frühjahr erforderlich
Vermehrung: Aussaat (Lichtkeimer), Stecklinge oder Absenker
Ernte: Blätter und junge Triebe laufend pflücken und frisch verwenden, im Sommer das blühende Kraut ernten und trocknen
Verwendung: hervorragendes Gewürz für Fleisch- oder Fischgerichte sowie für Eintöpfe, die essbaren Blüten eignen sich zum Garnieren von Speisen das Kraut wurde früher als Hustentee verwendet und ist häufig Bestandteil von Kräuterlikörrezepturen

KNOBLAUCH [4.]
Allium sativum
Wuchs: mehrjährig, aufrecht, bis 80 cm hoch, eintriebig
Blatt: linealisch, meist hängend, graugrün
Blüte: Mai und Juni, rötlich weiße, halbkugelige Dolden, anfangs von einem Hochblatt umgeben, meist steril
Standort: sonnig; gut durchlässige Böden
Pflege: einzelne Zehen oder Brutzwiebeln im zeitigen Frühjahr oder im Spätsommer 5 cm tief in den Boden stecken, der Reihenabstand beträgt etwa 15 cm
Vermehrung: Brutzwiebeln
Ernte: Brutzwiebeln und frische Blätter bei Bedarf für den Frischverzehr; die reifen Knollen, sobald das Laub im Hochsommer vergilbt ist, ausgraben, kurz trocknen und in einem luftigen Raum lagern
Verwendung: frisch oder getrocknet zum Würzen von Salaten, Suppen, Fleisch und Gemüse, Knoblauchkapseln sind zur Bekämpfung von altersbedingten Gefäßveränderungen beliebt

ANDORN [5.]
Marrubium vulgare
Wuchs: mehrjährig, buschig, verzweigt, bis 60 cm hoch, filzig behaart

Blatt: wintergrün, eiförmig bis rundlich, graugrün, runzelig
Blüte: Juni bis August, in weißen Scheinquirlen
Standort: sonnig; gut durchlässige, magere Böden
Pflege: Pflanzabstand sollte wenigstens 30 × 40 cm betragen
Vermehrung: Aussaat im Frühjahr, Stecklinge im Sommer oder Teilung des Wurzelstockes im Herbst
Ernte: Blätter von Frühling bis Herbst, nicht verholzte, blühende Triebe im Sommer schneiden und trocknen
Verwendung: eines der ältesten uns bekannten Heilkräuter gegen Appetitlosigkeit und Verdauungsbeschwerden, die Blätter würzen frisch oder getrocknet Salate und dienen zur Herstellung von Kräuterlikören

ECHTER SALBEI [6.]
Salvia officinalis
Wuchs: mehrjährig, breitbuschig, im unteren Bereich verholzend, 40 bis 60 cm hoch
Blatt: elliptisch bis eiförmig, derb, graugrün, filzig
Blüte: Juni bis August, hellviolettblau in Scheinquirlen
Standort: sonnig; durchlässige, kalkhaltige Böden
Pflege: Aussaat mit Vorkultur im Frühjahr, Pflanzabstand 40 × 40 cm, in ungünstigen Lagen ist ausreichender Winterschutz erforderlich
Vermehrung: Aussaat im Frühjahr, Absenker oder Stecklinge im Sommer
Ernte: junge Blätter laufend, krautige Triebspitzen vor der Blüte zum Anlegen von Vorräten ernten, bündeln und trocknen
Verwendung: leicht bitterer, dominanter Geschmack – zum Würzen verschiedener Speisen oder als Tee bei Magenbeschwerden und als desinfizierendes Mittel zum Gurgeln bei Halsschmerzen

[4.]

[5.]

[6.]

[a]

[b]

[c]

DAS IST
wirklich
WICHTIG

[a] DIESES MAUERBEET bietet verschiedenen Kräutern einen ausgezeichneten Lebensraum. Besonders schön ist es, wenn sich mehrjährige Kräuter ihren Platz suchen und über viele Jahre eine Lebensgemeinschaft bilden.

[b] TROCKENMAUERN formen den Garten, stützen die Beete, geben dem Garten eine zusätzliche räumliche Dimension und Pflanzen und Tieren zusätzlichen Lebensraum. Die Steine speichern viel Wärme und überschüssiges Wasser versickert schnell. Besonders Fugen und Mauerkronen bieten Kräutern einen günstigen Standort. Blühender Salbei ist auf der Mauerkrone eine duftende Zierde.

[c] BERG-BOHNENKRAUT ist ein schmackhafter Siedler zwischen den Steinen, seine hängende Zweige kommen so besonders gut zur Geltung.

[d] GERADE IN HANGLAGEN sind Trockenmauern ein geeignetes Gestaltungselement und können sehr gut zum Terrassieren von Grundstücken genutzt werden. Je höher die Mauer gebaut wird, umso größer und schwerer sollten die Steine sein.

[d]

TROCKENMAUER

Hingucker in jedem Garten

Trockenmauern terrassieren den Hanggarten und sind ein hochwertiges Gestaltungselement. Besonders an Südhängen schaffen Trockenmauern warme, sonnige Beete und bieten Kräutern einen besonders günstigen Lebensraum.

WARUM EINE TROCKENMAUER?

Trockenmauern werden seit vielen Jahrhunderten gebaut und sind Zeugen einer einfachen, bäuerlichen Kultur. Dort, wo Steine verfügbar waren, wurden Weiden mit Mauern getrennt und Hänge terrassiert, um zusätzliche Nutzfläche zu gewinnen. Trockenmauern schaffen unterschiedliche Lebensbedingungen auf kleinstem Raum und werden gern von Kleintieren und Pflanzen besiedelt. Sie wirken daher sehr natürlich. Durch die richtige Auswahl der Steine kann man gut Einfluss auf die Entwicklung des Bodens nehmen. Kalksteine zum Beispiel schaffen gute Wachstumsbedingungen für kalkliebende Kräuter wie Majoran, Rosmarin, Salbei, Thymian, Wein-Raute und Ysop.

GANZ EINFACH GEBAUT

Trockenmauern werden ohne Fundament gebaut und entstehen durch die lose Aufschichtung von Steinen. Das Mauerwerk bleibt so wasserdurchlässig und bewegungsfähig und ist lange haltbar. Zum Bauen von Trockenmauern sind Findlinge oder Steinquader sehr gut geeignet. Zuerst wird der Verlauf der Mauer mit Sprühfarbe gekennzeichnet und ein 30 bis 50 cm tiefer Graben ausgehoben. Dieser Graben bekommt eine 20 bis 30 cm starke Dränage aus Schutt oder Schotter. Darauf werden die Steine im Verbund gesetzt. Meist sind diese recht unterschiedlich geformt und sollten vor dem Setzen gut sortiert werden. Die größten Steine gehören nach unten und darauf werden die kleiner werdenden Steine immer auf Lücke gesetzt. Die unterschiedlich großen Steine und Fugen ergeben das spätere Mauerbild.

STABILITÄT DANK RICHTIGER MASSE

Die Trockenmauer ist schön stabil, wenn ihre Höhe 1 m nicht überschreitet und die Steine etwa 40 cm tief in den Hang reichen. Außerdem ist es wichtig, dass die Mauer sich ein wenig zum Hang neigt. Die Breite sollte an der Basis wenigstens ein Drittel der endgültigen Höhe betragen. Für zusätzliche Stabilität sorgt die Hintermauerung mit Reststeinen. Diese werden direkt hinter der sichtbaren Trockenmauer aufgeschichtet und halten so den Erddruck etwas von der sichtbaren Mauer ab. Nach Fertigstellung der Mauer wird diese mit humoser, durchlässiger Erde hinterfüllt. Dazu ist lehmiger Sandboden, gemischt mit Kompost, am besten geeignet.

SCHON MIT DER GESCHICKTEN AUSWAHL DER STEINE für die Trockenmauer können Sie das Wachstum der Kräuter fördern. Kalksteine eignen sich besonders gut, weil sie sich ganz langsam auflösen und auf diese Weise den Säuregehalt des Bodens positiv beeinflussen. Viele Kräuter lieben warme, lockere, leicht kalkhaltige Böden.

KALKSTEINE SIND GUT FÜR KRÄUTERSPIRALEN GEEIGNET.

[a]

[b]

[c]

DAS IST *wirklich* WICHTIG

[a] DIE FORM DER KRÄUTERSPIRALE erinnert an ein Schneckenhaus. Die Steine werden spiralförmig gelegt und zur Mitte hin immer höher geschichtet. Beim Schichten der Steine wird gleich Erde eingefüllt. Besonders wichtig: Füllen Sie genau die Erde ein, die die zu pflanzenden Kräuter bevorzugen.

[b] IST DIE KRÄUTERSPIRALE FERTIG gebaut, werden die Kräuter entsprechend ihrer Standortansprüche und ihres Platzbedarfes verteilt. Nicht vergessen: Oben ist es am wärmsten und trockensten. Hier ist der richtige Platz für mediterrane Kräuter.

[c] SIND DIE KRÄUTER EINGEWACHSEN, wird die Spirale zu einem wahren Schmuckstück im Garten und es kann den ganzen Sommer geerntet werden. Alle Kräuter haben einen idealen Platz gefunden und strotzen vor Kraft.

KRÄUTERSPIRALE

Vielfalt auf wenig Raum

Die Kräuterspirale ist etwas ganz Besonderes und seit vielen Jahren ungemein populär. Die dreidimensional gestaltete, spiralige Gartenanlage schafft auf engem Raum ideale Bedingungen für verschiedene Kräuter.

KLEINES PLATZWUNDER

Kräuterspiralen gab es erstmals in den Burganlagen des Mittelalters. Kein Wunder, denn sie schaffen Platz für viele Pflanzen auf engstem Raum. Alle Kräuter bekommen ihren idealen Standort – trocken oder feucht, mager oder humos, vollsonnig oder halbschattig – und die richtige Anordnung der Pflanzen sorgt dafür, dass alle Kräuter in guter Nachbarschaft wachsen können.

KRÄUTERSPIRALE BAUEN – SO GEHT'S

Die Kräuterspirale für die tägliche Ernte von Kräutern sollte eine Grundfläche von wenigstens sieben Quadratmetern haben. Ist nicht genug Platz im Garten, kann die Anlage notfalls auch etwas kleiner sein.

Eine Kräuterspirale wird am besten aus Kalksteinen gebaut, genau wie eine Trockenmauer. Zunächst wird der passende Standort gewählt: Die Kräuterspirale benötigt auf jeden Fall einen sonnigen Platz und liegt in der Nähe der Küche ideal. Als Erstes wird die bestehende Pflanzendecke entfernt und die Erde gut planiert. Dann werden die Steine geschichtet: Die Kräuterspirale besteht aus einer schneckenhausförmig verlaufenden Natursteinmauer und steigt zur Mitte hin an. Die größten Steine werden an der Basis gesetzt und geben so der Kräuterspirale die Form. Darauf werden die kleiner werden-

den Steine immer auf Lücke gesetzt, bis die gewünschte Höhe der Spirale erreicht ist. Das so entstandene Beet in Spiralform wird zunächst gut mit Schotter dräniert und anschließend mit verschiedenen Erden aufgefüllt [→ a].

ERDE UND PFLANZEN AUSWÄHLEN

In einer Kräuterspirale bekommen alle Kräuter den passenden Boden. Im oberen Bereich sollte dieser mager, kalkig und trocken sein. Er schafft gute Bedingungen für Mittelmeerkräuter wie Thymian, Rosmarin oder Salbei. Es folgt im mittleren Bereich eine humose, trockene Zone, die etwas halbschattig liegt, ideal für Pimpinelle, Oregano und Zitronen-Melisse. Weiter unten wird der Boden mit Kompost angereichert. Es entstehen feuchtere, humose und sonnige Zonen. Hier wachsen Küchenkräuter wie Petersilie, Schnittlauch und Kerbel. Am Fuß der Spirale wird der Boden nährstoffreich und nass, ein kleiner Teich kann einen idealen Abschluss bilden. Hier fühlt sich beispielsweise Mädesüß sehr wohl.

Bei kleineren Kräuterspiralen ist eher auf kleinwüchsige Sorten wie Zwerg-Salbei zu achten. Größere Anlagen bieten auch Platz für Wild- und Teekräuter. Pflanzen mit starken Wurzelausläufern wie Minze oder Estragon sind für die Kräuterspirale nicht geeignet und auch starkwüchsige Stauden wie Liebstöckel oder Beinwell sollten besser außerhalb der Spirale ihren Platz finden.

DAS IST *wirklich* WICHTIG

[a] BANKBEETE AUS HOLZBOHLEN mit Pfosten sind schon seit dem Mittelalter bekannt. Die Wege aus Mulch passen sehr schön und unterdrücken den Wildwuchs.

[b] HOCHBEETE AUS WEIDENGEFLECHT können flexibel gebaut werden und erhalten so ihre individuelle Form. Das Weidengeflecht ist nicht so lange haltbar wie Holz und muss relativ häufig erneuert werden.

[c] DIESES HOCHBEET IST EIN STÜCK HÖHER als die meisten anderen Hochbeete, was entscheidende Vorteile bringt: Die Wurzeln haben mehr Raum und auch große Gärtner müssen sich kaum bücken.

[d] AUS HOLZBALKEN gezimmerte Hochbeete sind ausgesprochen stabil und halten am längsten. Natürlich ist der Bau dieser Variante recht teuer.

[a]

[b]

[c]

[d]

HOCHBEETE

Einfach & bequem

Hochbeete sind praktisch und an vielen Stellen sinnvoll, denn sie schaffen günstige Wachstumsbedingungen gerade für Kräuter. Die verwendeten Baumaterialien unterstreichen das Gartendesign und die Füllung sorgt für ein gesundes Wachstum der Pflanzen.

DER RICHTIGE PLATZ

Hochbeete sind nicht nur funktionell, sondern auch sehr schön. Grundsätzlich können sie überall gebaut werden – wichtig ist nur die ausreichende Besonnung des Standortes. Hochbeete können einfach im Gemüsebeet aufgestellt werden oder auch Gestaltungselemente für den Garten oder die Terrasse sein. Ein sinnvoller Platz für ein Hochbeet ist am Rand der Terrasse. So gibt es kurze Wege in die Küche. Gerne werden Hochbeete auf weniger fruchtbaren Böden gebaut. Ist der Untergrund steinig, sandig oder voller Wurzelgeflecht, können kaum Kräuter angebaut werden. Hier helfen Hochbeete, die mit kompostierbaren Materialen und gutem Mutterboden gefüllt werden. Die Kräuter wachsen hier üppig und es gibt reiche Ernten.

In Hochbeeten wachsen auch besonders gut Kulturen, für die der Gartenboden sonst eher weniger geeignet ist.

Die Länge der Beete ist beliebig, ihre Breite sollte höchstens einen Meter betragen, damit man alle Pflanzen gut erreichen kann. Die Mindesthöhe von Hochbeeten beträgt 40 cm.

HOCHBEETE BAUEN

Holzhochbeete werden auf ebenem Boden aufgestellt und die Bretter werden mit Schrauben oder Pflöcken fixiert. Anschließend wird in den Beeten eine Schicht Mutterboden ausgehoben, so ist mehr Platz für die Füllung. Jetzt wird eine etwa 10 cm starke Schicht Reisig eingefüllt, damit überschüssige Feuchtigkeit später gut versickern kann. Auf das Reisig kommt eine Laubschicht und darauf Kompost. Jetzt ist das Beet bereits halb gefüllt und es folgt eine dicke Schicht Mutterboden. Mediterrane Kräuter bevorzugen in der Regel mageren, sandigen Boden, einheimische Kräuter eher nahrhaften. Als letzte Schicht kann wiederum Kompost aufgetragen werden.

DIE VORZÜGE

Kaum ist das Hochbeet aufgefüllt, beginnt auch schon der Rotteprozess in seinem Inneren. Dabei werden langsam Nährstoffe freigesetzt und es entsteht Wärme – ideale Bedingungen für das gesunde Wachstum von Kräutern. Ein weiterer Pluspunkt von Hochbeeten ist, dass überschüssiges Wasser schnell abfließt. Ein Hochbeet kann etwa drei Jahre genutzt werden, spätestens dann sollte die Füllung erneuert werden.

BESONDERS HALTBAR sind Hochbeete aus Stein. Egal ob Ziegel, Kalksand- oder Naturstein, die Basis bildet ein solides Fundament. Darauf werden die Steine ordentlich gemauert und, ist der Mörtel gut getrocknet, wird das Beet gefüllt. So kann das Hochbeet als fester Bestandteil der Gartenanlage über viele Jahre genutzt werden.

DAS IST *wirklich* WICHTIG

[a] VIELE KRÄUTER fühlen sich in Gefäßen wohl und sind damit auch als Gartendeko geeignet. Besonders schön ist die Vielfalt an Düften, Formen und Farben auf kleinem Raum.

[b] FROSTEMPFIND-LICHE KRÄUTER sollten generell am besten in Töpfen oder Kübeln gehalten werden.

[c] DIE VIELFALT DER KRÄUTER wirkt besonders schön, wenn sich die verwendeten Töpfe ähneln.

[d] BLÜHENDES BASI-LIKUM ist unheimlich attraktiv. In einen Korb gepflanzt ist es ein schönes Geschenk.

[a]

[b]

[c]

[d]

KRÄUTER IM TOPF

Mobile Freunde

Für alle, die keinen oder nur einen kleinen Garten haben, hier eine gute Nachricht: Die meisten Kräuter wachsen auch prima in Kästen und Kübeln. Gewusst wie, finden sie auch auf Fensterbänken, Balkonen und Terrassen einen geeigneten Platz.

DAS BRAUCHEN SIE

Fast alle Blumentöpfe, Balkonkästen und Pflanzgefäße sind für die Anzucht von Kräutern geeignet. Wichtig ist, dass die Gefäße ausreichend groß sind. Die Größe lässt sich leicht aus der zu erwartenden Größe der Pflanze ableiten. Als Faustregel gilt, dass das Wurzelvolumen einer Pflanze kaum geringer ist als die dazugehörenden oberirdischen Pflanzenteile. Für eine Pflanze, die 40 bis 60 cm hoch wird, benötigen Sie also ein Gefäß mit dem Durchmesser von 18 bis 22 cm. Damit keine Staunässe entsteht, müssen die Gefäße ausreichend große Löcher im Boden haben.

Kräuter haben teilweise sehr unterschiedliche Ansprüche an Erde. Da sie mitunter viele Jahre im Topf oder Kübel wachsen, ist nur die beste Erde wirklich gut genug. Sie ist strukturstabil, enthält ausgewogene Nährstoffe und schimmelt nicht. Mittelmeerkräuter wie Rosmarin, Thymian oder Salbei lieben Trockenheit und benötigen magere, durchlässige Erde. In diesem Fall wird die Topferde mit Sand gemischt.

SO WIRD GEPFLANZT

Die Löcher im Boden der Töpfe werden mit Kieselsteinen oder Tonscherben abgedeckt. Anschließend werden die Töpfe zur Hälfte mit Erde gefüllt und die Jungpflanzen eingestellt. Jetzt werden die Töpfe bis zum Rand mit Erde aufgefüllt. Durch leichtes Andrücken entsteht ein kleiner Gießrand. Zum Schluss wird die Erde kräftig gegossen.

GUT GEPFLEGT

Während der Wachstumszeit benötigen die Pflanzen regelmäßig Wasser. Sinnvoll ist es, den Ballen fast austrocknen zu lassen und dann gründlich zu gießen. So werden die Wurzeln mit Wasser und mit Luft gleichmäßig versorgt. Etwa ab vier Wochen nach dem Topfen sollten die Pflanzen regelmäßig mit Flüssigdünger [→ Seite 28/29] nachgedüngt werden. Pflanzen, die mehrere Jahre im gleichen Kübel verbleiben, brauchen in jedem Jahr etwas frische Erde. Dazu wird die oberste Bodenschicht ausgetauscht. Ist das nicht mehr möglich, sollte doch bald an das Umtopfen [→ Seite 42/43] gedacht werden. Den Winter verbringen mehrjährige, frostempfindliche Kräuter am besten im Haus [→ Seite 62/63].

TERRAKOTTA UND KRÄUTER – EINE NATÜRLICHE KOMBINATION: Und nicht nur das, Tontöpfe sind optimal für die Kräuterkultur. Sie sind luftdurchlässig und sorgen so für eine schnelle Erwärmung der Erde. Außerdem trocknet die Erde in Tontöpfen schnell ab und so sind die Wurzeln abwechselnd mit Wasser und Luft gut versorgt.

[1.]

[2.]

[3.]

BASILIKUM

Eine Welt für sich

Wohl kein anders Kraut ist in der Küche so populär wie Basilikum. Kaum ein italienisches Gericht ist denkbar ohne dieses aromatische Gewürz. Basilikum im Topf gibt es in jedem Supermarkt, aber versuchen Sie einfach mal es selbst auszusäen.

BASILIKUM
Ocimum basilicum
Wuchs: einjährig, aufrecht, je nach Sorte 15 bis 60 cm hoch, stark verzweigt
Blatt: eiförmig, mehr oder weniger gesägt, zugespitzt, je nach Sorte grün oder rot
Blüte: Juni bis September, weiß oder rosa (rotblättrige Sorten)
Standort: sonnig; nahrhafte, durchlässige, frische Böden
Pflege: ab März auf der Fensterbank bei Temperaturen von 20 °C aussäen und später im Halbschatten an die wärmste Stelle des Gartens pflanzen (25 × 25 cm), alternativ auf der Fensterbank oder auf der Terrasse im Topf weiter kultivieren; während des Wachstums gut feucht halten, ohne die Blätter ständig mit kaltem Wasser zu benetzen, das Entspitzen der Haupttriebe führt zu buschigem Wuchs
Vermehrung: Aussaat (Lichtkeimer)
Ernte: vor der Blüte junge Blätter und Triebe
Verwendung: frisches Basilikum passt gut zu Tomaten, Soßen, Pestos und Pastagerichten, dabei ist besonders wichtig: bitte nur frisch verwenden und nur kurz oder am besten gar nicht mitkochen, denn das Kraut verliert beim Kochen oder Trocknen sein Aroma!

BASILIKUM 'COMPATTO' [1.]
Wuchs: Stängel rötlich, 30 bis 60 cm hoch, wächst besonders kompakt und ist sehr robust
Blatt: im Austrieb kraus, grün

BASILIKUM 'ITALIAN STAR'
Wuchs: 30 bis 60 cm hoch
Blatt: nur entfernt gesägt, im Austrieb kraus, besonders groß, grün
Ernte: dank ihrer großen Blätter ist diese Sorte besonders ergiebig

BASILIKUM 'NEAPOLITAN'
Wuchs: 40 bis 70 cm hoch
Blatt: sehr groß, grün
Standort: möglichst warmen Platz wählen
Verwendung: intensives, pfeffriges Aroma

BASILIKUM 'DARK OPAL' [2.]
Wuchs: 30 bis 60 cm hoch
Blatt: nur entfernt gesägt, tief purpurfarben
Verwendung: dank ihres herben Aromas eignet sich diese Sorte besonders gut zur Herstellung von Kräutertees, die dunklen Blätter sind besonders dekorativ

GRIECHISCHES BUSCH-BASILIKUM
Wuchs: kompakt, 20 bis 40 cm hoch
Blatt: entfernt gesägt, grün, klein
Verwendung: besonders würzig, passt gut zu Salaten, Pestos und Pastagerichten

ANIS-BASILIKUM [3.]
Wuchs: Stängel rötlich, 40 bis 80 cm hoch
Blatt: dunkelgrün
Verwendung: Gewürz für asiatische Gerichte und vor allem Süßspeisen; Teepflanze, da der Geschmack ein wenig an Anis erinnert

BASILIKUM 'ROTES KRAUSES'
Wuchs: 30 bis 60 cm hoch
Blatt: nur entfernt gesägt, tief purpurfarben
Standort: möglichst warmen Platz wählen
Verwendung: hat unter den rotlaubigen Sorten das intensivste Aroma

BASILIKUM 'ARARAT' [4.]
Wuchs: aufrecht, 30 bis 60 cm hoch, stark verzweigt, Stängel rötlich
Blatt: dunkelgrün mit purpurfarbener Zeichnung
Verwendung: schön gescheckte Blätter mit sehr würzigem Geschmack, eignen sich besonders für die Garnierung von Speisen

BASILIKUM 'MAGICAL MICHAEL'
Wuchs: 20 bis 40 cm hoch
Blatt: grün
Verwendung: neue Sorte, gilt als besonders würzkräftig

BASILIKUM 'AFRICAN BLUE' [5.]
Wuchs: 60 bis 100 cm hoch, verholzend
Blatt: nur entfernt gesägt, grün mit purpurfarbener Zeichnung

Verwendung: etwas herb im Geschmack, passt gut zu Tomaten, Pestos und Pastagerichten, die schön gezeichneten Blätter eignen sich besonders zum Garnieren

ZITRONEN-BASILIKUM
Wuchs: 40 bis 70 cm hoch, verholzend
Blatt: nur entfernt gesägt, lang zugespitzt, dunkelgrün
Verwendung: süßes, erfrischendes Aroma für Süßspeisen

BASILIKUM 'CRISPUM' [6.]
Wuchs: 20 bis 40 cm hoch
Blatt: kraus, zart, grün
Pflege: benötigt ein wenig Windschutz
Verwendung: sehr ertragreich, eignet sich besonders gut zum Würzen mediterraner Speisen

BASILIKUM 'SIAM QUEEN'
Wuchs: 20 bis 40 cm hoch
Blatt: nur entfernt gesägt, dunkelgrün
Verwendung: eignet sich besonders zum Zubereiten von Curry und zum Würzen von asiatischen Speisen

TULSI
Wuchs: 30 bis 50 cm hoch
Blatt: nur entfernt gesägt, grün, purpur gezeichnet
Verwendung: Teekraut, Tulsi stärkt das Immunsystem und verbessert den Stoffwechsel, der Tee wird in der indischen Kräutermedizin zur Behandlung von Erkältungen, Asthma und Hautkrankheiten verwendet
Anmerkung: in seiner Heimat Indien gilt Tulsi als heiliges Kraut und ist mit vielen Legenden verbunden; der Strauch wird an Hauseingängen gepflanzt und wächst in vielen Höfen; wird in Süd- und Südostasien in der Küche und auch zum Vertreiben von Insekten verwendet

[4.]

[5.]

[6.]

[1.]

[2.]

[3.]

PURE EXOTIK

Das Aroma ferner Länder

Exotische Kräuter kommen aus meist warmen und tropischen Ländern. Als Gewürz oder Tee geben sie unseren Speisen und Getränken eine besondere Note.

SCHWARZKÜMMEL [1.]

Nigella sativa

Wuchs: einjährig, aufrecht, etwa 30 cm hoch
Blatt: dreifach gefiedert, schwach behaart
Blüte: Juni und Juli; blassblaue, teilweise auch weiße, einzeln stehende und auffällig geformte Blütenköpfe
Standort: sonnig und warm; nahrhafte, durchlässige Böden
Pflege: Voranzucht im Frühjahr auf der Fensterbank oder Reihenaussaat im Frühjahr direkt im Garten, bei zu dichtem Stand in der Reihe Sämlinge auf 20 × 20 cm vereinzeln
Vermehrung: Aussaat
Ernte: reife, trockene Balgfrüchte schneiden und zerdrücken, die so gewonnenen Samen müssen noch nachtrocknen
Verwendung: Samen ganz oder gemahlen würzen Brot und Soßen, passen gut zu Fleisch- oder Fischgerichten und sind Bestandteil von Curry-Gewürzmischungen, das aus den Samen gewonnene fette Öl gilt als wertvolles Speiseöl; die Volksheilkunde kennt die Verwendung der Samen gegen Blähungen und zur Förderung der Milchbildung stillender Mütter

ZITRONENGRAS [2.]

Cymbopogon citratus

Wuchs: mehrjährig, horstig, bis 120 cm hoch
Blatt: linealisch, rau, nach Zitrone duftend, graugrün
Blüte: blüht als Kulturpflanze nicht
Standort: halbschattig; humoser, durchlässiger Boden
Pflege: bei uns nur als Topfkultur möglich, gleichmäßig feucht halten und regelmäßig düngen, Staunässe vermeiden und die Pflanze nicht dem Regen aussetzen, hell und kühl überwintern
Vermehrung: Wurzelteilung
Ernte: Blätter bei Bedarf
Verwendung: beliebtes Gewürz in der asiatischen Küche und Bestandteil verschiedener Currygerichte; wirkt verdauungsfördernd, krampflösend, antibakteriell und schweißtreibend, der Tee erfrischt und hilft bei Magen- und Darmbeschwerden

SCHWARZNESSEL, SHISO [3.]

Perilla frutescens

Wuchs: einjährig, aufrecht buschig, 40 bis 100 cm hoch
Blatt: breit-eiförmig und gezähnt, purpurfarben oder grün (sortenabhängig)

Blüte: August bis September, weiße ähren-artige Blütenstände
Standort: sonnig bis halbschattig; nährstoffreiche, humose, durchlässige Böden
Pflege: Pflanzabstand 40 × 40 cm, regelmäßig gießen und düngen, für einen buschigen Wuchs frühzeitig stutzen
Vermehrung: Aussaat im Frühjahr (Lichtkeimer) oder Stecklingsvermehrung
Ernte: frische Blätter vor dem Ansetzen der Blüten
Verwendung: durchdringend aromatisch, zum Würzen von Sushi, Salaten, Suppen, Fleisch oder Reis
Sorten: Bronze-Perilla – rotlaubig und aromatisch, grüne Perilla – stark aromatisch, 'Rote Auslese' – früh blühend und sehr aromatisch

DIPTAM-DOST [4.]
Origanum dictamnus
Wuchs: mehrjährig, breitbuschig, polsterbildend, wird 15 bis 30 cm hoch
Blatt: klein und rundlich, silbrig behaart
Blüte: Juli bis September, rosafarbene Scheinähren mit Tragblättern
Standort: sonnig; durchlässige, trockene Böden
Pflege: bei uns nur für die Topfkultur geeignet, Aussaat ab März unter Glas, Pflanzen nur sparsam gießen, frostfrei und hell überwintern
Vermehrung: Aussaat im Frühjahr, Stecklinge, Absenker im Sommer
Ernte: junge Blätter und Triebe während der gesamten Vegetationszeit
Verwendung: mild-aromatische Blätter frisch wie Majoran zum Würzen von mediterranen Speisen, Blüten zur Garnierung: das getrocknete Kraut als Tee oder zum Herstellen von Duftkissen und -schalen

KORIANDER [5.]
Coriandrum sativum
Wuchs: ein- oder zweijährig, rosettig, Blütenstiele aufrecht und verzweigt, 50 bis 70 cm hoch

Blatt: untere Blätter dreilappig, obere fiederteilig
Blüte: Juni bis August, weiße (selten rosa) Doldenblüten
Standort: sonnig; durchlässige, warme Böden
Pflege: im späten Frühjahr direkt im Beet aussäen, später auf 30 × 30 cm vereinzeln, ausreichend wässern und düngen, aber Staunässe vermeiden; in rauen Lagen bei zweijähriger Kultur ist Winterschutz erforderlich
Vermehrung: Aussaat
Ernte: Blätter im Frühjahr, Samen kurz vor der Vollreife
Verwendung: frische Blätter würzen asiatische Gerichte, Salate und Soßen und sind Bestandteil zahlreicher asiatischer Gewürzmischungen; die Früchte würzen Gemüse und Soßen und sind Bestandteil von Lebkuchengewürz und Teemischungen gegen Verdauungsstörungen

ECHTER INGWER [6.]
Zingiber officinale
Wuchs: mehrjährig, rhizombildend, aufrecht, im Kübel bis 1 m hoch
Blatt: lang, schmal-lanzettlich
Blüte: Juni und Juli; gelbe, zapfenartige Ähren mit purpurfarbenem Rand und mit großen, grünen Deckblättern
Standort: halbschattig, warm, hohe Luftfeuchtigkeit; nährstoffreicher Boden
Pflege: bei uns nur als Topfkultur auf der warmen Fensterbank oder im Gewächshaus möglich, während des Wachstums regelmäßig gießen und wässern, nach dem Einziehen der Blätter benötigen die Pflanzen eine Ruhephase von etwa sechs Wochen
Vermehrung: Rhizomteilung
Ernte: nach acht bis zehn Monaten Kulturzeit das Rhizom aus der Erde nehmen und frisch oder getrocknet verwenden
Verwendung: geriebener Ingwer schmeckt brennend scharf und würzig – das Gewürz schlechthin für die asiatische Küche, Ingwerknollen werden auch in der Getränke-(Ginger Ale) sowie in der Lebensmittelindustrie genutzt

[4.]

[5.]

[6.]

ERNTEN & VERWENDEN

Für jeden Geschmack

ENTDECKEN SIE DIE VIELFALT DER KRÄUTER, GEWÜRZE UND AROMEN FÜR IHRE KÜCHE! OB FRISCH ODER GETROCKNET, FÜR TEES, KRÄUTERSALZ, SOSSEN ODER IN ESSIG UND ÖL – KRÄUTER VERFEINERN JEDES GERICHT. MIT GRUNDREZEPTEN ZUM NACHMACHEN.

DAS IST *wirklich* WICHTIG

[a] SALBEIBLÄTTER werden am besten vor der Blüte geerntet, dann haben sie am meisten Aroma.

[b] GRÖSSERE BLÜTEN werden einfach mit den Fingernägeln abgeknipst und in Körben gesammelt.

DAS ERNTE-GUT LUFTIG ZUM TROCK-NEN AUS-LEGEN.

[c] LAVENDEL wird geerntet, wenn die Blüten vollständig aufgeblüht sind. Die Stiele bleiben dabei so lang wie möglich.

[d] STAPELBARE TROCKENRAHMEN sind gut zum Trocknen von Blättern, Blüten und Samen geeignet. Der Boden ist luftdurchlässig und die ausgelegten Kräuter trocknen recht schnell.

[e] DER HERBST ist die richtige Zeit zum Ausgraben von Wurzeln. Am besten ist es, wenn die Pflanzen schon eingezogen sind.

[f] FRISCH GEERNTETE MEERRETTICHWURZELN schmecken sehr scharf. Sie werden am besten gewaschen und sofort frisch verarbeitet.

KRÄUTER ERNTEN

Das Aroma des Sommers

Das Schönste am Sommer ist die Ernte im eigenen Kräutergarten.
Doch auch hier gilt, gewusst wie! Um ihre volle Wirkung entfalten
zu können, müssen Blätter, Blüten, Früchte und Wurzeln der
Kräuter zu recht unterschiedlichen Zeiten geerntet werden.

WIE WIRD GEERNTET?

Frische Kräuter können fast während des ganzen Sommers
genutzt werden. Geerntet werden nur gesunde Pflanzenteile
und, egal ob Blätter, Blüten oder Früchte, es werden immer
nur so wenige Pflanzenteile geerntet, dass die Kräuter vital
bleiben. Wird zur Ernte ein Messer oder eine Schere verwendet, so ist es wichtig, dass das Werkzeug sauber ist. Ansonsten besteht die Gefahr, Krankheiten und Schädlinge vonPflan-
ze zu Pflanze zu übertragen.

SO WERDEN BLÄTTER GEERNTET

Viele Kräuter sind mehrjährige Stauden. Beispiele dafür sind
Minzen, Zitronen-Melisse oder auch Oregano. Sie haben aro-
matische Blätter und es gilt, diese rechtzeitig zu ernten. Ihr
Aroma ist kurz vor der Blüte besonders intensiv und klar ist,
dass dann auch wirklich geerntet werden muss. Dazu werden
ganze Triebe direkt über dem Erdboden abgeschnitten. Die
Stauden treiben wieder aus und können später im Sommer
noch einmal abgeerntet werden.
Anders ist es bei den Halbsträuchern des Mittelmeerraums.
Salbei, Ysop oder Thymian werden nur einmal kurz vor der
Blüte geschnitten. Gut ist es, wenn die Kräuter dabei gleich
etwas in Form geschnitten werden.

DIE ERNTE VON BLÜTEN UND SAMEN

Blüten werden immer nur dann geerntet, wenn sie voll erblüht
sind. Das bedeutet, dass Sie sich während der Blütezeiten regelmäßig durch die Beete arbeiten sollten. Die einzelnen Blüten von Borretsch oder Ringelblumen werden zum Beispiel
mit den Fingernägeln abgeknipst [→ b]. Das Ernten einzelner
Kamillenblüten ist dagegen zu mühsam. Besser ist es, die
oberirdischen Pflanzenteile abzuschneiden, zu trocknen und
später die Blüten abzuzupfen. Lavendelblüten werden geerntet, wenn die Blütenstände vollständig erblüht sind [→ c]. Dazu
werden sie mit Stiel von der Pflanze getrennt, gebündelt und
getrocknet.
Oft werden auch Fruchtstände mit Samen geerntet. Kümmel,
Fenchel, Anis und Koriander sind gute Beispiele dafür. Der
beste Erntezeitpunkt ist dann, wenn die Samen fast von alleine
abfallen. Die ganzen Dolden werden vorsichtig mit der Schere
abgeschnitten und anschließend auf Papier oder auf einen
Trockenrahmen [→ d] ausgelegt. Beim Trocknen reifen die Samen nach, fallen bald ab und können gut eingesammelt werden.

WURZELN ERNTEN

Wurzeln werden mit dem Spaten ausgegraben [→ e]. Die beste
Zeit dafür ist im Herbst oder Winter. Die Pflanzen haben dann
ihre Kraft in die Wurzeln gezogen und diese sind jetzt besonders aromatisch. Bitte bedenken Sie: Wenn alle Wurzeln einer
Pflanze geerntet werden, stirbt die Pflanze ab. Bei mehrjährigen Kräutern macht es also Sinn, abzuwarten, bis der Wurzel-
stock groß genug ist, um ihn zu teilen. So kann sich die Pflanze wieder regenerieren und bleibt im Kräutergarten erhalten.

WAS WIRD WANN GEERNTET?

Blätter, Blüten, Samen & Wurzeln

Wenn Sie Vorräte für den Winter anlegen möchten, sollten Sie zur richtigen Zeit für die Ernte Ihrer Kräuter im Garten sein. Natürlich ist es am besten, wenn Sie die Kräuterbeete regelmäßig überprüfen, um dann am richtigen Tag ernten zu können.

DER RICHTIGE ZEITPUNKT

Am besten werden nur saubere Pflanzenteile geerntet, denn Kräuter werden vor dem Trocknen nicht gewaschen. Blätter sammelt man kurz vor der Blüte, ihr Aroma ist dann am intensivsten. Sehr große Blätter werden einzeln gepflückt und einzeln zum Trocknen ausgelegt. Viele mehrjährige Kräuter werden geerntet, indem ganze Zweige kurz vor der Blüte abgeschnitten werden. So wird ein zweiter Austrieb möglich. Halbsträucher aus dem Mittelmeergebiet sind während des ganzen Sommers aromatisch. Für den täglichen Bedarf können die Blätter jederzeit frisch gepflückt werden. Zum Anlegen von Vorräten werden diese Kräuter kurz vor der Blüte massiv geschnitten und dann in Ruhe gelassen. Bei guter Witterung ist eine zweite Ernte im Hochsommer möglich. Ein späterer Schnitt schwächt die Pflanzen. Die Ernte von Blättern und Zweigen erfolgt am besten in den Morgenstunden von trockenen Tagen. Blüten möglichst jung und im voll aufgeblühten Zustand ernten, denn Farbe und Duft nehmen später ständig ab. Früchte oder Samen immer im vollreifen Zustand sammeln. Wenn die Fruchtstände nicht regelmäßig geerntet werden können, hilft es, ein Vlies auszulegen, von dem die Samen später abgesammelt werden. Wurzeln werden üblicherweise im Herbst oder im Winter geerntet.

KRÄUTERERNTE IM ÜBERBLICK

Pflanzenname	Erntegut und Erntezeit
Andorn	Blätter laufend, nicht verholzte, blühende Triebe im Sommer
Anisysop	Blätter und Blüten im Sommer, ganzes Kraut zum Trocknen vor der Blüte
Basilikum	Blätter, junge Triebe ganzjährig vor der Blüte
Borretsch	Blätter, Blüten und junge Triebe im Sommer
Brunnenkresse	junge Triebe ganzjährig
Dill	frische Blätter ab Ende April, Blüten ab Juni, Samen im Spätsommer
Diptam-Dost	Blätter und junge Triebe laufend
Duftgeranie	Blätter, Blüten im Frühjahr und Sommer
Eberraute	junge Triebspitzen während des ganzen Sommers, zum Trocknen auch blühende Zweige
Erdbeere, Wald-	Blätter im Frühjahr, Früchte im Sommer
Estragon	Blätter oder Triebspitzen während des ganzen Sommers, das Kraut kurz vor der Blüte zum Trocknen
Färber-Hundskamille	blühendes Kraut im Sommer
Fenchel, Gewürz-	junge Blätter laufend, reife Samen im Spätsommer
Frauenmantel	Blätter oder blühendes Kraut im Sommer
Indianernessel	frische Blätter laufend, blühendes Kraut im Sommer
Ingwer	Rhizom nach 8 bis 10 Monaten Kulturzeit
Johanniskraut, Tüpfel-	blühendes Kraut im Sommer
Kamille, Echte	Blüten im Sommer
Kapuzinerkresse	Blätter, Blütenknospen, Blüten, unreife Samen im Sommer
Katzenminze	junge Blätter vor der Blüte im Frühsommer
Kerbel	junge Blätter im Frühling oder das ganze blühende Kraut im Sommer
Knoblauch	Brutzwiebeln und frische Blätter bei Bedarf für den Frischverzehr; reife Knollen im Hochsommer, sobald das Laub vergilbt ist
Koriander	Blätter im Frühjahr, Samen im Sommer
Kresse, Garten-Kresse	Blätter bei Bedarf
Kümmel	junge Blätter im 1. Jahr, Samen im 2. Jahr
Lavendel	junge Blätter während der gesamten Vegetationszeit, Blüten nach dem vollständigen Aufblühen im Sommer
Liebstöckel	junge Blätter im Frühjahr, reife Samen im Sommer, Wurzeln im Herbst
Lungenkraut	junge Blätter im Frühjahr, blühendes Kraut von März bis Mai
Majoran	junge Blätter und Triebe im Frühjahr und Sommer, Blätter und Blüten im Sommer zum Trocknen

Pflanzenname	Erntegut und Erntezeit
Malve, Wilde	Blätter im Frühjahr, Blüten oder ganzes Kraut im Sommer
Mariendistel	junge Blätter und Stängel im Frühsommer/Sommer, Samen im Spätsommer
Melisse, Zitronen-	Blätter, junge Triebe von Frühling bis Sommer
Minze	Blätter und Triebe laufend, ganzes Kraut zum Trocknen vor der Blüte im Sommer
Nachtkerze	Blätter und Wurzeln im 1. Jahr, Blüten und Samen im 2. Jahr
Oregano, Dost	junge Blätter und Triebe ganzjährig, krautige Pflanzenteile während der Blüte im Sommer zum Trocknen
Petersilie	Blätter im 1. Jahr und im Frühling des 2. Jahres, Früchte im Herbst des 2. Jahres
Pimpinelle, Kleine	Blätter und Triebe im Sommer, Wurzeln im Herbst
Ringelblume	junge Blätter und Blüten im Sommer
Rosmarin	Blätter, junge Triebe und Blüten ganzjährig
Salbei, Echter	junge Blätter laufend, krautige Triebspitzen vor der Blüte im Frühsommer zum Trocknen
Salbei, Muskateller-	Blätter und Blüten während des Sommers, Blätter zum Trocknen vor der Hauptblütezeit
Schafgarbe	junge Blätter im Frühjahr, blühendes Kraut im Sommer
Schlüsselblume	Blätter und Blüten im Frühjahr, Wurzeln im Herbst
Schnittlauch	Blätter im Frühling und Sommer, Blüten im Sommer
Schwarzkümmel	Samen im Sommer
Schwarznessel, Shiso	Blätter vor der Blüte im Frühsommer/Sommer
Seifenkraut	Blätter im Frühsommer vor der Hauptblüte, voll aufgeblühte Blüten im Sommer, Wurzeln im Herbst
Sommer-Bohnenkraut	frische Blättchen während des ganzen Sommers, das ganze Kraut während der Blüte zum Trocknen
Thymian	Blätter und junge Triebe bei Bedarf, das ganze Kraut zur Blütezeit zum Trocknen
Veilchen, Duft-	Blätter und Blüten im Frühjahr, Wurzeln im Herbst
Waldmeister	Kraut vor der Blüte im Frühjahr
Wegwarte	Blätter im 1. Jahr im Frühsommer/Sommer; Blätter, Blüten und Wurzeln (Herbst) ab 2. Jahr
Wein-Raute	Blätter vor der Blüte im Sommer
Wermut	Blätter laufend, Triebspitzen mit Blüten im Sommer zum Trocknen
Ysop	Blätter und junge Triebe laufend, blühendes Kraut im Sommer zur Trocknung
Zitronengras	Blätter ganzjährig
Zitronenverbene	Blätter, Blüten im Sommer

DAS IST *wirklich* WICHTIG

[a] LIMONADE macht Lust auf Sommer. Die Blüten und Blätter vieler Kräuter eignen sich zum Aromatisieren. Die bunt gemischte Ernte gibt dem Getränk den besonderen Pfiff.

[b] QUARK MIT FRISCHEN KRÄUTERN ist im Sommer sehr lecker und schnell zubereitet. Der Quark wird mit Milch oder Sahne und fein gehackten Gartenkräutern verrührt. Wer es mag, fügt kleine Zwiebelwürfel hinzu.

[a]

[b]

[c]

[c] KRÄUTERQUARK und Pellkartoffeln ergeben eine leckere Mahlzeit. Frisches Basilikum ist nicht nur Deko, es schmeckt auch sehr gut dazu. Wer es gehaltvoller mag, ergänzt die Mahlzeit mit etwas Butter.

[d] KRÄUTERBUTTER ist schnell gemacht. Butter wird cremig gerührt und mit gehackten Kräutern vermengt. Kräuterbutter schmeckt gut zu gegrilltem Fleisch oder einfach auf Brot. Kleeblüten und Thymianzweige sind die perfekte Deko.

[e] FRISCHE KRÄUTER schmecken auch gut als Tee. Wichtig: Frische Kräuter enthalten viel Wasser. Ein Teelöffel getrockneter Kräuter entspricht etwa drei Löffeln frischer. Also bitte nicht an der Dosierung sparen.

[d]

[e]

FRISCH VERWENDEN

Vielfalt genießen

Nach einem langen Winter ist die Lust auf frische Kräuter am größten.
Egal ob in Salaten, Suppen oder in Soßen – Kräuter tun einfach gut und
versorgen uns mit Vitaminen und Mineralstoffen.

KRÄUTERLIMONADE
Für eine Limonade werden Kräuter wie Melisse, Minze, Waldmeister oder die Blüten von Schwarzem Holunder oder Mädesüß in ein Gefäß mit Wasser gegeben [→ a]. Das Wasser bleibt über Nacht stehen, wird am nächsten Tag abgeseiht und nach Bedarf mit Zucker, Sirup, Zitronensaft oder Fruchtsaft ergänzt. Besonders erfrischend: Geben Sie einfach gekühltes Mineralwasser hinzu.

KRÄUTERQUARK
Besonders beliebt ist Quark oder auch Frischkäse mit Kräutern. Dazu werden Käse oder Quark mit etwas Milch oder Sahne cremig gerührt und mit frischen Kräutern angereichert [→ b]. Gut geeignet sind Schnittlauch und Petersilie frisch aus dem Garten, doch auch die Wildkräuter des Frühlings passen dazu. Zum Schluss wird der Quark mit Salz und Pfeffer abgeschmeckt – schmeckt besonders gut zu Kartoffeln [→ c] oder auf frischem Brot. Wer es etwas herzhafter liebt, kann zusätzlich Zwiebeln und etwas Knoblauch fein hacken und hinzufügen.

KRÄUTERBUTTER
Kräuterbutter stammt ursprünglich aus der klassischen französischen Küche und ist eine Zubereitung aus Butter und Kräutern, beispielsweise Bärlauch, Basilikum, Brunnenkresse, Estragon, Kerbel, Petersilie, Rosmarin, Schnittlauch oder Thymian. Die Butter wird etwas angewärmt, cremig gerührt und mit etwa der gleichen Menge fein gehackter Kräuter vermengt [→ d]. Je nach Geschmack werden die Kräuter durch fein gehackte Schalotten, Zwiebeln oder Knoblauch ergänzt. Abgeschmeckt wird mit etwas Salz und Pfeffer. Bunte Blüten von Borretsch, Gundermann oder Ringelbume dienen als essbare Deko. Kräuterbutter schmeckt lecker und wird kalt zu Brot, Braten oder gegrilltem Fleisch serviert.

FRÜHJAHRSKUR
Viele Menschen machen im Frühling eine Frühjahrskur zur Entschlackung. Wen wundert's, denn nach dem langen Winter brauchen wir Vitamine. Viele Kräuter bieten sich für die Frühjahrskur an, beispielsweise in Form von Tee [→ e]. Am besten trinkt man über einen Zeitraum von etwa vier Wochen drei Tassen täglich zur Frühjahrskur. Frische Kräuter können im Garten oder in der Natur gesammelt werden: Blätter von Brennnesseln, Ehrenpreis und Gundermann, Blätter und Blüten von Löwenzahn, Taubnessel und Veilchen sowie Huflattichblüten. Auch junge Birkenblätter können Sie dafür verwenden.

VON DER WIESE AUF DEN TELLER: Aus vielen Wildkräutern, die im Garten weniger erwünscht sind wie Giersch, Vogelmiere, Günsel oder Brennnessel können auch Salate zubereitet werden. Die Kräuter werden dazu gewaschen, in kleine Stücke geschnitten und je nach Belieben mit anderen Salaten oder Kräutern wie Brunnenkresse, Knoblauchsraue oder Bärlauch gemischt und mit einer Marinade gewürzt. Von Gänseblümchen, Gundermann und Löwenzahn schmecken neben den Blättern auch die Blüten. Frühlingssalate sind vitaminreich und enthalten zahlreiche Mineralstoffe.

[1.]

[2.]

[3.]

ESSBARE BLÜTEN
Leckere Dekoration

Blüten sind nicht nur schön anzuschauen, sie haben auch in der Küche einen großen Nutzen. Essbare Blüten können zum Kochen, Backen und Dekorieren verwendet werden. Einige von ihnen färben auch Speisen und Getränke.

DUFT-VEILCHEN [1.]
Viola odorata
Wuchs: mehrjährig, buschig, 10 bis 15 cm hoch, bildet Ausläufer
Blatt: herz-eiförmig bis nierenförmig
Blüte: zart, dunkelviolett, duftend, im März und April, Nachblüte im Herbst
Standort: halbschattig; humusreiche, frische bis feuchte Böden
Pflege: pflegeleicht, gedeiht am besten als Bodendecker unter Sträucher, Pflanzabstand 15 × 15 cm, neigt zum Verwildern
Vermehrung: durch Aussaat im Herbst, Teilung des Wurzelstocks oder Stecklinge
Ernte: Blätter und Blüten im Frühling sammeln und frisch oder getrocknet verwendet, die Wurzeln können im Herbst ausgegraben und getrocknet werden
Verwendung: frische Blätter und Blüten werden Frühlingssalaten beigemengt, frische oder kandierte Blüten garnieren Süßspeisen; aus Kraut und Wurzelstöcken kann ein Tee zubereitet werden, den die Volksmedizin zur Blutreinigung und zur Behandlung von Erkrankungen der Atemwege empfiehlt

FÄRBER-DISTEL [2.]
Carthamus tinctorius
Wuchs: einjährig, aufrecht und verzweigt, 50 bis 70 cm hoch
Blatt: schmal eiförmig bis lanzettlich, dornig gezähnt
Blüte: Juni bis August, orange bis rote Röhrenblüten in kugeligen Blütenständen
Standort: sonnig; durchlässige, humose Böden mit normalem Nährstoffgehalt
Pflege: Pflanzabstand 20 × 20 cm, ausreichend gießen und düngen
Vermehrung: Aussaat im Frühjahr
Ernte: Röhrenblüten und Früchte im Sommer
Verwendung: Blütenblätter gelten in der Küche als Ersatz für teuren Safran, werden auch als färbender Bestandteil verschiedenen Teemischungen beigemischt; aus den Früchten wird ein fettes Öl (Distelöl) gewonnen – es hat einen sehr hohen Gehalt an ungesättigten Fettsäuren und wird als Speiseöl zur Senkung zu hoher Blutfettwerte verwendet

ANISYSOP [3.]

Agastache foeniculum

Wuchs: aufrecht bis locker buschig, 50 bis 80 cm hoch

Blatt: oval, drüsig punktiert, intensiv nach Anis duftend

Blüte: Juli bis September in hübschen, hellpurpurnen Ähren

Standort: sonnig; durchlässige, trockene, nahrhafte Böden

Pflege: Pflanzabstand 30 × 30 cm, Rückschnitt im Frühjahr, bei mehrjähriger Kultur ist Winterschutz erforderlich

Vermehrung: Aussaat, Stecklinge, Absenker oder Teilung des Wurzelstocks im Herbst

Ernte: während des Sommers Blätter und Blüten ernten und frisch verwenden, zum Trocknen die oberirdischen Pflanzenteile kurz vor der Blüte ernten

Verwendung: die Blüten sind essbare Deko für Buffets, Salate und Süßspeisen, die Blätter werden zum Aufguss von Tee oder zum Würzen verschiedener Speisen verwendet – wirkt appetitanregend, hilft bei Übelkeit und Erbrechen

KAPUZINERKRESSE [4.]

Tropaeolum majus

Wuchs: buschig, niederliegend oder rankend mit bis zu 3 m langen Trieben

Blatt: rundlich bis schildförmig

Blüte: gespornte Trichterblüten von Juli bis Oktober in Gelb, Orangerot oder Rot

Standort: sonnig bis halbschattig; durchlässige, nahrhafte, frische Böden

Pflege: Pflanzabstand 30 × 30 cm, gleichmäßig gießen, während des Blattwachstums reichlich düngen

Vermehrung: Aussaat im Frühjahr

Ernte: frische Blätter, Blütenknospen, Blüten und unreife Samen im Sommer

Verwendung: Blätter und Blüten als dekorative Salatbeigabe, geschlossene Blütenknospen und unreife Samen in Essig einlegen (Kapernersatz)

BORRETSCH [5.]

Borago officinalis

Wuchs: einjährig, aufrecht, verzweigt, bis 80 cm hoch, rau behaart

Blatt: elliptisch, beidseitig, rau behaart

Blüte: Mai bis September, himmelblau, sternförmig

Standort: sonnig; durchlässige, nahrhafte, frische bis feuchte Böden

Pflege: Keimlinge früh auf 20 × 20 cm vereinzeln, Borretsch neigt zur Selbstaussaat

Vermehrung: Aussaat im Frühjahr

Ernte: Blüten, Blätter und junge Triebe im Sommer

Verwendung: frisches Kraut würzt Suppen, Salate, Quark, kalte Soßen und Eierspeisen, Tee aus Blüten und Blättern wirkt blutreinigend, herzstärkend und schleimlösend

RINGELBLUME [6.]

Calendula officinalis

Wuchs: einjährig, aufrecht, stark verzweigt, klebrig, 20 bis 60 cm hoch

Blatt: länglich, behaart

Blüte: gelbe bis orangerote Körbchenblüten, von Juni bis Oktober

Standort: sonnig; nahrhafte, gut durchlässige Böden

Pflege: Pflanzabstand 20 × 20 cm, regelmäßig wässern und düngen, Verblühtes entfernen zur Förderung weiterer Blüten, neigt zur Selbstaussaat

Vermehrung: Aussaat im Frühjahr direkt im Beet

Ernte: Blütenblätter und junge Blättchen im Sommer

Verwendung: Blütenblätter und frische, junge Blätter als Salatbeigabe; Tee aus den Blüten bei leichten Magen- und Darmbeschwerden und zur Blutreinigung

[4.]

[5.]

[6.]

[a]

[b]

[c]

[d]

DAS IST
wirklich
WICHTIG

[a] ALLE ZUTATEN werden bereitgestellt: frische Kräuter, Zwiebeln oder Frühlingszwiebeln, Gemüsebrühe, Butter und Sahne. Außerdem benötigen Sie noch Hackbrettchen, ein Messer, einen Krug Wasser und einen großen Topf.

[b] DIE GEWASCHENEN KRÄUTER mit dem Wiegemesser fein hacken und die Zwiebeln fein würfeln.

[c] DIE ZWIEBELN IN BUTTER andünsten, bis sie schön glasig sind. Anschließend werden die gehackten Kräuter in den Topf gegeben und kurz erhitzt. Die Gemüsebrühe wird in warmem Wasser gelöst und in den Topf gegossen. Kurz aufkochen.

[d] DIE SUPPE WIRD MIT SALZ, PFEFFER UND MUSKAT abgeschmeckt, mit Sahne verfeinert und auf Tellern serviert.

KRÄUTERSUPPEN

Gesundes Grün

Gerade im Frühling freuen sich viele Menschen auf den frischen Genuss und sammeln Kräuter in Garten und Natur für die Verwendung in der Küche. Eine der leckersten Arten, frische Kräuter zu genießen, ist eine gute Suppe.

DIE NEUN-KRÄUTER-SUPPE

Unsere Vorfahren feierten stets um den 21. März *Ostara*, den Beginn des Frühlings. Zu diesem Fest gab es die Neun-Kräuter-Suppe, zubereitet aus Kräutern, die ihre ersten Sprosse zeigten. Später, nach der Christianisierung, wurde daraus die Gründonnerstagssuppe, der stets eine reinigende Heilkraft nachgesagt wurde. Doch egal, wie die Suppe genannt wird, sie ist gesund und lecker und genau das Richtige fürs Frühjahr. Alte Rezepte enthielten meist die jungen Blätter von Giersch, Löwenzahn, Taubnessel, Brennnessel, Schafgarbe, Sauerampfer, Sauerklee, Tripmadam und Gänseblümchen – es gab allerdings regionale Unterschiede. Die Kräuter wurden gesammelt und stets frisch verkocht.

KRÄUTERSUPPE KOCHEN

Eine Kräutersuppe wird aus frischen, gemischten Kräutern, Gemüsebrühe, etwas Butter, Frühlingszwiebeln und Gewürzen gekocht und am Schluss mit etwas Sahne verfeinert.

Zutaten für vier Portionen
1 bis 2 Bund Frühlingszwiebeln oder 2 große Zwiebeln
2 Bund frische Kräuter
3 bis 4 EL Gemüsebrühe
½ bis 1 Becher Sahne
Salz, Pfeffer, Muskat

Alle Kräuter werden verlesen, gut gewaschen und sollten in einem Sieb etwas abtropfen. Anschließend werden sie fein gehackt [→ b]. Die Frühlingszwiebeln machen die Suppe noch schmackhafter. Sie werden geputzt und in feine Scheiben geschnitten.
In einem Topf die Butter zerlassen, um die Zwiebelscheiben darin anzudünsten. Sind die Zwiebeln fertig, werden die Kräuter und kurz darauf auch die Gemüsebrühe dazugegeben [→ c]. Das Ganze muss einmal kurz aufkochen und wird anschließend mit Salz, Pfeffer und etwas frischem Muskat abgeschmeckt.
Als Letztes kommt etwas Sahne in die Suppe. Diese wird noch einmal kurz erwärmt und auf die Teller verteilt. Wer mag, kann noch etwas gehacktes, hart gekochtes Ei hinzugeben.

DIE BESTEN KRÄUTER FÜR SUPPEN UND EINTÖPFE: Diese kleine Auswahl schmeckt aromatisch und findet Platz in jedem Kräutergarten: Beifuß, Bohnenkraut, Borretsch, Dill, Estragon, Kerbel, Knoblauch, Liebstöckel, Majoran, Petersilie, Sauerampfer, Schnittlauch, Sellerie, Thymian.

DAS IST *wirklich* WICHTIG

[a] **FRANKFURTER GRÜNE SOSSE** ist eine Delikatesse aus Kräutern. Sie wird kalt serviert und schmeckt gut zu Pellkartoffeln, Fleisch oder Fisch. Ganz besonders wichtig sind die hart gekochten Eier.

[b] **DIE GRÜNEN SIEBEN** sind die Basis der Grünen Soße: Borretsch, Petersilie, Kresse, Schnittlauch, Kerbel, Pimpinelle und Sauerampfer (nicht auf dem Bild). Sie schmecken am besten frisch aus dem Garten. Die Kräuter werden vor dem Kochen gewaschen und sollten kurz abtrocknen vor dem Hacken.

[a]

[b]

KRÄUTERSOSSEN

So schmeckt der Garten

Ohne Kräuter sind viele Soßen völlig undenkbar, denn Kräuter ergeben immer einen besonderen Geschmack. Besonders mediterrane Rezepte sind ohne Kräuter nicht vollständig, doch einen Klassiker gibt es auch bei uns.

DIE GRÜNEN SIEBEN

Grüne Soße ist eine Kräutersoße, die kalt zu gekochtem Fleisch (Tafelspitz), Braten, Fisch oder Pellkartoffeln gereicht wird. Sie enthält Kräuter und Gewürze, Schmand, Joghurt sowie Essig und Öl.

Die berühmte Frankfurter Grüne Soße geht vermutlich auf die französische Sauce Vinaigrette zurück und wurde 1860 erstmals in einem Kochbuch erwähnt. Sie ist in ganz Hessen bekannt und wird traditionell von Gründonnerstag an mit Pellkartoffeln serviert.

In die Frankfurter Grüne Soße gehören sieben Kräuter: Petersilie, Schnittlauch, Kerbel, Sauerampfer, Borretsch, Kresse und Pimpinelle [→ b].

FRANKFURTER GRÜNE SOSSE

Zutaten

300 g gemischte Kräuter (siehe oben)
2 gehackte Zwiebeln
2 EL Essig
2 EL Öl
250 ml Schmand
150 g Joghurt
4 Eier
Salz, Pfeffer, Zucker

Die Kräuter werden verlesen, gewaschen und in ein Sieb zum Abtropfen gegeben. Die abgetrockneten Kräuter fein hacken und zusammen mit zwei gehackten Zwiebeln in eine Schüssel geben. Kräuter und Zwiebeln werden mit je zwei Esslöffeln Essig und Öl, einem Viertelliter Schmand und 150 g Joghurt, wahlweise Mayonnaise, verrührt. Zugedeckt alles wenigstens eine Stunde ziehen lassen.

In der Zwischenzeit werden die Eier hart gekocht, fein gewürfelt und untergerührt. Die Soße mit Salz, Pfeffer und eventuell etwas Zucker abschmecken und kalt servieren.

KRÄUTERSOSSE MIT SENF

Zutaten

frische Korianderblätter
frische Estragonblätter
40 g Crème fraîche
1 TL Dijon-Senf
Salz und Pfeffer

Estragon und Korianderblättchen von den Stängeln abzupfen, waschen und sehr fein hacken. Die Kräuter gründlich mit Crème fraîche und Dijon-Senf verrühren. Am Schluss mit Salz und Pfeffer abschmecken. Die Soße schmeckt besonders gut zu Fleisch.

WEITERE SCHMACKHAFTE KRÄUTER FÜR SOSSEN: Basilikum, Brunnenkresse, Dill, Liebstöckel, Majoran, Oregano, Zitronen-Melisse und nicht zu vergessen – Knoblauch

DAS IST *wirklich* WICHTIG

[a]

[b]

[a] FRISCHE KRÄUTER werden gewaschen, gehackt und in eine Schüssel gegeben. Sind nicht alle gewünschten Kräuter frisch vorhanden, können natürlich auch getrocknete ergänzt werden.

[b] ESSIG UND ÖL je nach Rezept oder Geschmack dazugeben. Hinzu kommen Gewürze wie Chili, Koriander, Fenchel, Knoblauch, Paprika, Curry oder Senf. Abgeschmeckt wird mit Salz und Pfeffer.

[c]

MARINADE INNEN UND AUSSEN VERTEILEN.

[d]

[c] DER FRISCHE FISCH wird gewaschen, trocken getupft, auf einen Teller gelegt und mit der fertigen Marinade bestrichen.

[d] DER GANZE FISCH sollte innen und außen mit der Marinade eingerieben werden, bis alles verteilt ist. Anschließend wird er mit Folie abgedeckt und für mindestens zwei Stunden in den Kühlschrank gestellt.

GUT MARINIERT

Lecker & würzig

Kräuter-Marinaden machen Fisch, Fleisch und Gemüse zu einem wahren Gaumenschmaus. Besonders in der Grillsaison sind Marinaden sehr beliebt – da dürfen aromatische Kräuter und Gewürze natürlich nicht fehlen.

MARINIEREN

Kräuter geben unseren Speisen einen unverwechselbaren Geschmack und helfen oft dabei, diese auch gut zu verdauen. Das Marinieren oder Beizen ist ursprünglich eine Methode zur Haltbarmachung von Speisen in Salzlake, meist für lange Seereisen. Heute versteht man darunter das Einlegen von Fleisch oder Fisch in eine würzende, manchmal auch saure Flüssigkeit, die Marinade. Durch das Einlegen dringen die Gewürze tief in die Speise ein und geben ihr den typischen Geschmack.

GARTENKRÄUTER-MARINADE
Zutaten
je ein halbes Bund Petersilie, Schnittlauch, Basilikum
2 Knoblauchzehen
1 Chilischote
etwas Tomatenmark
1 EL Essig
Olivenöl nach Bedarf
Salz und Pfeffer

Alle Kräuter werden verlesen, gut gewaschen und sollten in einem Sieb etwas abtropfen. Anschließend werden sie mit dem Knoblauch, der Chilischote und dem Tomatenmark püriert. Dann Essig und so viel Öl zugeben, bis eine cremige Konsistenz entsteht. Abgeschmeckt wird mit Salz und Pfeffer – fertig ist die Marinade.
Diese Kräuter-Marinade wird zum Marinieren von Fleisch verwendet. Das Fleisch wird mit der Paste bestrichen und sollte danach wenigstens drei Stunden im Kühlschrank ziehen, bevor es gebraten oder gegrillt wird.

SENF-MARINADE
Zutaten
4 EL Essig
250 ml Öl
3 EL Senf
3 Knoblauchzehen
süßes Paprikapulver
Basilikum, Estragon und andere Kräuter nach Belieben

Essig, Öl und Senf werden gut verrührt. Der Knoblauch wird gepresst und dazugegeben. Nach und nach werden Paprika und die fein gehackten Kräuter untergemengt und gut verrührt. Grillfleisch oder Fisch wird mit der Paste eingestrichen und sollte einige Stunden im Kühlschrank ziehen.

OLIVEN IN KRÄUTER-MARINADE
Zutaten
200 g Oliven mit oder ohne Stein
je 1 gestrichener TL Kreuzkümmel, Koriander, Fenchel
glatte Petersilie
1 Knoblauchzehe
2 Lorbeerblätter
1 Zitrone
1 EL Essig
100 ml Olivenöl

Die Gewürze werden gemörsert, Petersilie und Knoblauch gehackt und die Lorbeerblätter in große Stücke gezupft. Diese Zutaten werden mit etwas geriebener Zitronenschale und Essig gemischt und über die Oliven gegeben. Diese werden mit Öl übergossen und sollten mehrere Stunden ziehen.

KRÄUTER ZUM TROCKNEN LUFTIG VERTEILEN

DAS IST
wirklich
WICHTIG

[a] **KRÄUTER MIT GROSSEN BLÄTTERN** wie Salbei werden nach der Ernte sorgfältig einzeln nebeneinander zum Trocknen ausgelegt. Die Blätter sollten sich nicht berühren

[b] **DIE MEISTEN TROCKENRAHMEN** sind stapelbar. So können viele Kräuter auf engem Raum getrocknet werden, hier Malven- und Ringelblumenblüten. Die weißen Böden sind luftdurchlässig.

[c] **NACH EINIGEN TAGEN** sind die Kräuter bei guten Bedingungen in der Regel getrocknet. Die Blütenblätter der Ringelblumen werden vom Blütenboden getrennt und in Papiertüten verpackt. Die Blütenböden können kompostiert werden.

[d] **KRÄUTERSTRÄUSSE ZUM TROCKNEN** zu binden ist weniger aufwendig. Dieses Verfahren macht Sinn, wenn die Blätter klein sind oder Blätter und Blüten eines Krautes getrocknet werden sollen. Hängen Sie die Sträuße mit den Blüten nach unten an einem trockenen, warmen, schattigen und luftigen Platz auf.

TROCKNEN

Für lange Haltbarkeit

Nicht alle geernteten Kräuter können sofort frisch verarbeitet werden. Legen Sie sich doch einfach ein paar Vorräte für Herbst und Winter an. Die einfachste und oft auch die beste Art der Konservierung ist das Trocknen.

[d]

ERNTEGUT VORBEREITEN

Alle Kräuter werden am besten geerntet, wenn sie besonders aromatisch sind [→ Seite 118 bis 121]. Anschließend werden die gesammelten Pflanzenteile zum Trocknen vorbereitet: Entfernen Sie vergilbte Blätter und verblühte Blüten und sortieren Sie unreife Früchte aus. Zum Trocknen ganzer Kräuter werden einzelne Stiele gebündelt. Wollen Sie einzelne Blüten, große Blätter oder Fruchtstände trocknen, zupfen Sie diese vorsichtig von den Stielen und legen Sie sie auf Papier oder in einem Trockenrahmen (ohne Papier!) aus [→ a].

WARM UND LUFTIG

Inhaltsstoffe und Aroma der Kräuter bleiben am besten erhalten, wenn die Pflanze nach der Ernte möglichst schnell und schonend getrocknet wird. Dabei gilt es, den Kräutern die gesamte Feuchtigkeit zu entziehen, ohne die flüchtigen ätherischen Öle zu zerstören. Ideal zum Trocknen ist eine Temperatur von 38 °C. In der Wohnung sind diese Bedingungen nur schwer zu finden. Gut geeignete Trockenräume sind wenig isolierte Dachböden, Gartenhäuser oder Schuppen. Wichtig ist, dass sich der Raum im Sommer gut aufheizt und auch gelüftet werden kann.

Die einzelnen Sträuße werden mit den Triebspitzen nach unten aufgehängt. Sie dürfen nicht zu dicht hängen, denn zum schnellen Trocknen muss die Luft gut zirkulieren können [→ d]. Die Papiere oder Trockenrahmen legen beziehungsweise stellen Sie in gut durchlüftete Regale. Nach einigen Tagen, je nach Temperatur im Trockenraum, sind die meisten Kräuter bereits durchgetrocknet. Man merkt es gut, wenn sie beim Anfassen knistern.

GESCHÜTZT AUFBEWAHREN

Wenn die Kräutersträuße gut trocken sind, werden die Blätter (und Blüten) von den Stängeln abgestreift und zerbröselt. Größere Blätter oder einzelne Blüten werden aus dem Trockenregal genommen und ebenfalls zerbröselt. Von den trockenen Fruchtständen werden die Samen abgestreift und zusammengesammelt. Alle getrockneten Kräuter werden in saubere, luftdichte, lichtundurchlässige Gefäße, am besten Papiertüten [→ c] verpackt und können so über einen längeren Zeitraum aufbewahrt werden.

Um immer über aromatische Gewürze zu verfügen, ist es sinnvoll, die Vorräte jedes Jahr zu erneuern.

Getrocknete Kräuter können vor dem Einlagern auch miteinander gemischt werden. „Kräuter der Provence" ist beispielsweise eine Mischung aus Küchenkräutern, die in Südfrankreich gedeihen: Lavendel, Lorbeer, Majoran, Oregano, Rosmarin, Thymian und Berg-Bohnenkraut.

WURZELN TROCKNEN LANGSAM und vertragen dabei höhere Temperaturen, sie werden am besten im Backofen konserviert: dazu gründlich reinigen, in Stücke schneiden, auf ein Backblech legen und auf kleinster Herdeinstellung bei geöffneter Ofenklappe trocknen.

[a]

DAS IST *wirklich* WICHTIG

[a] **VIELE KRÄUTER MIT FLÜCHTIGEM DUFT** wie Schnittlauch verlieren beim Trocknen Aroma und Farbe. Da ist es gut, wenn man einen Gefrierschrank hat. Während des ganzen Sommers können frische Kräuter im Garten gesammelt und frisch gehackt werden. Zum Einfrieren eignen sich kleine Kunststoffdosen besonders gut.

[b] **FARBIGE BLÜTEN** im Eiswürfel sind etwas Besonderes. Sie behalten beim Einfrieren Aroma und Farbe und so wird der Eiswürfel ein Hingucker für jedes Kaltgetränk.

[b]

KRÄUTER EINFRIEREN

Für Kochvergnügen im Winter

Fans frischer Kräuter frieren ihre Lieblinge lieber ein als sie zu trocknen, um deren Aromen länger haltbar zu machen. Richtig gemacht behalten gefrorene Kräuter ihre Farbe und sind ein würziger Gaumenschmaus.

DIE BESTEN KRÄUTER ZUM EINFRIEREN

Petersilie, Schnittlauch und Dill sind zum Trocknen weniger geeignet, denn sie verlieren beim Trocknen schnell ihr Aroma. Sie lassen sich aber problemlos einfrieren. Doch auch andere Küchenkräuter wie Oregano, Rosmarin oder Thymian, können gut eingefroren werden. Ihr Geschmack bleibt auf diese Weise über viele Monate erhalten.

SO GEHT'S

Kräuter, die haltbar gemacht werden sollen, verlieren immer etwas Aroma und sollten daher stets zum idealen Zeitpunkt geerntet werden [→ Seite 118 bis 121]. Nur so bleibt auch über einen längeren Zeitraum genügend Geschmack erhalten. Nach der Ernte werden vergilbte, verschmutzte oder erkrankte Pflanzenteile aussortiert und die Kräuter werden, ohne vorher gewaschen zu werden, gut zerkleinert [→ a]. Wenn Sie sie waschen möchten, achten Sie darauf, dass die Kräuter vor dem Einfrieren ganz trocken sind, sonst kleben Sie später zusammen und lassen sich schwerer in kleinen Mengen herausnehmen. Anschließend wird portioniert und eventuell werden schon fertige Kräutermischungen zubereitet. Die Portionen werden in kleine Kunststoffdosen oder Gefrierbeutel gegeben, luftdicht verschlossen und bei wenigstens −18 °C eingefroren. So können Sie beim Kochen schnell auf Kräuter zurückgreifen und das Aroma bleibt über längere Zeit erhalten. Um keinen Aromaverlust zu haben, sollten Sie die gefrorenen Kräuter direkt beim Kochen zugeben und nicht erst auftauen lassen. Spätestens bei der nächsten Ernte sollten Sie Ihre gefrorenen Kräuter durch frische ersetzen.

KRÄUTER IM EISWÜRFEL

Besonders praktisch ist es, Kräuter portionsweise in Eiswürfeln einzufrieren [→ b]. So spart man Platz im Eisschrank und kann die Kräuter beim Kochen genau dosieren. Das Eis schmilzt beim Kochen und die Kräuter würzen die Speisen. Ein besonderer Clou ist es, Minzeblätter oder essbare Blüten wie Borretsch oder Veilchen einzeln in Eiswürfeln einzufrieren. Die so präparierten Eiswürfel sehen schön aus und sind eine hübsche Beigabe zu Desserts und kalten Getränken.

KRÄUTERMISCHUNGEN FÜR DIE SCHNELLE KÜCHE

Schnell geht es beim Kochen, wenn Sie die benötigten Kräutermischungen für Ihre Lieblingsrezepte immer parat haben. Gleich nach der Ernte werden Ihre Lieblingskräuter entsprechend Ihrer Lieblingsrezepte für Kräuterquark, Kräuterbutter, Marinaden, Suppen oder Soßen gemischt und zusammen in gekennzeichneten Gefäßen eingefroren.

KRÄUTER FÜR KRÄUTERHONIG

Kraut	Pflanzenteile	Verwendung
Anis	Samen	verdauungsfördernd
Fenchel	Samen	blähungstreibend
Koriander	Samen	verdauungsfördernd
Lavendel	Blüten	beruhigend
Majoran	Blätter	verdauungsfördernd
Rosen	Blüten	feines Aroma für Desserts und Getränke
Rosmarin	Blätter	verdauungsfördernd
Salbei	Blätter	bei Halsschmerzen, Erkältung
Thymian	Blätter	verdauungsfördernd, bei Husten
Veilchen	Blüten	zartes Aroma für Desserts und Getränke

[b]

DAS IST *wirklich* WICHTIG

[a]

FÜR HONIG NUR GANZ TROCKENE SAMEN VERWENDEN.

[c]

[a] **LAVENDELZUCKER** lässt sich leicht selbst herstellen und sieht im Glas immer toll aus. Zucker und getrocknete Lavendelblüten werden abwechselnd in ein Glas geschichtet und sollten vor der Verwendung auf alle Fälle einige Tage im verschlossenen Glas durchziehen.

[b] **KRÄUTERHONIG** ist gesund, lecker und hat oft auch eine Heilwirkung. So wirkt Honig mit Fenchel, Anis oder Koriander sehr positiv auf den Verdauungstrakt. Zum Ansetzen des Honigs dürfen nur reife, trockene Früchte verwendet werden.

[c] **DIE TROCKENEN SAMEN,** hier Fenchel, sollten mindestens eine Stunde im leicht erwärmten Honig ziehen. Den Honig gelegentlich umrühren, damit sich das Aroma gut verteilt, dann in ein Glas füllen und gut verschließen.

[d] **FÜR EIGENES KRÄUTERSALZ** mischen Sie gut getrocknete Kräuter mit grobem Salz. Anschließend muss das Gefäß immer gut verschlossen bleiben, sonst zieht das Salz Wasser und bildet Klumpen.

SÜSS & SALZIG

Streuen Sie Aroma!

[d]

Sehr beliebt ist das Einlegen von aromatischen Blättern oder Blüten in Zucker, Salz oder Honig. So werden die Nahrungsmittel gewürzt und die Aromen der Kräuter bleiben länger erhalten – in hübschen Gefäßen auch ein wunderbares Mitbringsel.

KRÄUTERZUCKER

Besonders beliebt sind Rosen-, Lavendel-, Veilchen- und Pfefferminzzucker. Die Kräuter müssen gesund und sauber geerntet und gut getrocknet worden sein. Frische Kräuter verklumpen den Zucker. Die getrockneten Blüten oder Blätter werden zerbröselt oder gemörsert, im Verhältnis 1:5 mit Zucker gemischt und in verschließbare Gläser abgefüllt [→ a]. Jetzt muss das Gemisch einige Tage stehen bleiben, so wird das Aroma der Kräuter auf den Zucker übertragen. Kräuterzucker ist lange haltbar und eignet sich zum Süßen von Tees, Backwaren und Desserts. Aber auch süße Hauptspeisen wie Milchreis oder Grießbrei profitieren von dem raffinierten Geschmack.

KRÄUTERHONIG

Zum Aromatisieren von 500 g Honig wird etwa ein Esslöffel getrocknete Kräuter benötigt. Die Kräuter werden in einen Teefilter aus Papier gegeben, der gut verschlossen wird. Anschließend wird der Honig vorsichtig erhitzt (max. 40 °C.) und das Kräutersäckchen hineingelegt. Etwa eine Stunde ziehen lassen und dabei gelegentlich umrühren, damit die Aromen der Kräuter in den Honig ziehen. Dann das Säckchen aus dem Honig nehmen. Der Honig wird in ein Glas gefüllt [→ c] und luftdicht verschlossen. Er ist im Kühlschrank wochenlang haltbar. Je nach Geschmack kann man die Kräutermenge bei der Zubereitung auch erhöhen. Kräuterhonig eignet sich prima zum Süßen von Desserts und Getränken oder wirkt, natürlich abhängig von den beigemengten Kräutern, antiseptisch und lindert Halsschmerzen, Schnupfen oder Erkältungen.

KRÄUTERSALZ

Kräutersalz ist eine wunderbare Konservierungsmethode für aromatische Kräuter [→ d]. Es lässt sich einfach herstellen und ist bei trockener Lagerung sehr lange haltbar. Kräutersalz wird am besten aus grobem Salz für die Mühle und getrockneten Kräutern hergestellt.

Gut geeignet sind Meersalz oder auch Tiefensalz, oft eine regionale Spezialität. Das Besondere: Das Salz wird aus tief liegenden Natursolen gewonnen, ist so keinen Umwelteinflüssen ausgesetzt und hat einen unverfälschten Gehalt an Mineralstoffen und Spurenelementen.

Die besten Kräuter und Gewürze für Kräutersalz sind: Bärlauch, Basilikum, Estragon, Knoblauch, Liebstöckel Oregano, Petersilie, Pfeffer, Rosmarin, Salbei, Sellerie (Blätter), Senf (Samen), Thymian, Ysop und Zwiebel.

Die für das Salz verwendeten Kräuter sollten zur richtigen Zeit geerntet und gut getrocknet worden sein.

Basisrezept: Zwei Teile getrocknete Kräuter werden mit einem Teil Salz gemischt. Dabei bleibt es Ihrer Fantasie und Ihrem Geschmack überlassen, ob Sie ein bestimmtes Kraut oder eine Kräutermischung verwenden möchten. Probieren Sie es einfach aus. Die Mischung wird in kleinen Mengen in den Mörser gegeben, etwas zerstoßen und gut gemischt.

Das fertige Kräutersalz wird in Gläser mit Schraubverschluss oder in Kunststoffboxen abgefüllt und sollte dunkel und trocken gelagert werden. Kräutersalz eignet sich prima für Eintöpfe, Salate, Fisch- und Fleischgerichte oder Gemüse.

DAS IST *wirklich* WICHTIG

[a] KRÄUTERESSIG ist schnell angesetzt. Füllen Sie Ihre getrockneten Lieblingskräuter in eine saubere Flasche.

[b] MITHILFE EINES TRICHTERS wird Essig in die Flasche gefüllt. Doch Essig ist nicht gleich Essig! Probieren Sie vorher verschiedene Sorten, bis Sie den für Sie besten gefunden haben. Mein Favorit ist Bio-Weinessig. Dann wird die Flasche gut verkorkt – der Essig sollte etwa drei Wochen bei Zimmertemperatur ziehen, bevor er abfiltriert wird. Ein wenig schneller geht es, wenn Sie die Flasche gelegentlich schwenken.

[a]

[b]

[c]

[d]

[c] FÜR EIN KRÄUTERÖL werden getrocknete Kräuter gemischt und mit Öl aufgegossen. Nach etwa einer Woche Ziehen wird das Öl abfiltriert. Am einfachsten geht es mit einem Trichter und einem Teefilter aus Papier.

[d] FERTIGES KRÄUTERÖL IN SCHÖNEN FLASCHEN ist ein tolles Geschenk. Hier wurden am Schluss zur Dekoration frische Rosmarinzweige in die Flasche gefüllt. Gut ist es, wenn die Flaschen etikettiert sind, dann wird später nichts verwechselt.

KRÄUTER IN ESSIG & ÖL

Gut konserviert

Kräuter lassen sich hervorragend in Essig oder Öl einlegen und bringen so Raffinesse auf jeden Speiseplan. Das Aroma der Kräuter zieht in die Flüssigkeit und wird über einen langen Zeitraum gut konserviert.

KRÄUTERESSIG

Die Herstellung von Kräuteressig gelingt leicht. Sie brauchen dazu einen hochwertigen Wein- oder Obstessig, saubere Flaschen und frische Kräuter. Zum Einlegen sind Blätter, Blüten und Früchte von Kräutern geeignet. Sie werden gesammelt, wenn sie gesund und sehr aromatisch sind. Am beliebtesten sind Estragon, Thymian, Basilikum oder Dill. Auch ein Gewürzessig mit Chili oder Knoblauch ist prima für Salate. Die Zugabe von Himbeeren, Brombeeren oder Salbeiblüten sorgt durch die rote Färbung des Essigs auch für einen optischen Genuss. Alle Pflanzenteile werden vorsichtig gewaschen, trocken getupft und anschließend in saubere, trockene Glasflaschen geben [→a]. Sind diese zu etwa einem Drittel mit Kräutern gefüllt, werden sie mit Essig aufgefüllt [→b]. Anschließend müssen die Flaschen gut verschlossen werden. Die Mischung bleibt etwa drei Wochen bei Zimmertemperatur ohne direkte Sonneneinstrahlung stehen und wird dann durch ein feines Sieb filtriert. Die Kräuter würden ansonsten immer weiter quellen und nicht mehr appetitlich aussehen. Der Essig wird erneut in saubere Flaschen abgefüllt und kühl und dunkel aufbewahrt. So ist er fast unbegrenzt haltbar. Zur Dekoration können Sie später einen trockenen Zweig, zum Beispiel Rosmarin oder Thymian, in die Flasche geben.

KRÄUTERÖL

Auch Kräuteröl lässt sich sehr einfach herstellen. Sie benötigen dazu hochwertiges Speiseöl und würzige Kräuter wie Rosmarin, Oregano, Thymian oder Majoran. Sie harmonieren perfekt mit Olivenöl. Alternativ kann auch jedes andere Speiseöl verwendet werden. Etwas neutraler schmecken Raps- oder Sonnenblumenöl.
Füllen Sie saubere Glasflaschen zur Hälfte mit den Kräutern Ihrer Wahl. Auch Kräutermischungen sind sehr gut geeignet. Anschließend füllen Sie die Flaschen mit Öl auf und verschließen sie gut. Um die Schimmelbildung zu vermeiden, ist es unbedingt erforderlich, dass alle Kräuter gut mit Öl bedeckt sind. Lassen Sie die Flaschen ungefähr eine Woche an einem warmen Platz stehen. Nach dieser Zeit wird das Öl abgesiebt [→c] und wieder in saubere Flaschen gefüllt. Ist Ihnen das Aroma nicht intensiv genug, kann der Vorgang mehrfach wiederholt werden.
Kräuteröl mit frischen Kräutern [→d] ist etwa sechs Wochen haltbar, Kräuteröl mit getrockneten etwa sechs Monate. Bewahren Sie das Öl kühl und dunkel auf und kontrollieren Sie es gelegentlich. Ist es trüb geworden, sollten Sie es nicht mehr verwenden.

ÖL IST NICHT GLEICH ÖL: Wie bei allen Nahrungsmitteln gibt es auch bei Speiseöl große Unterschiede, von neutral schmeckendem Öl bis zu Ölen mit viel Eigengeschmack. Ich bevorzuge ein mildes, kalt gepresstes Olivenöl in Bioqualität. Es hat eine schöne Farbe, einen angenehmen Eigengeschmack und passt besonders gut zu mediterranen Kräutern.

DAS IST *wirklich* WICHTIG

[a] FÜR EINEN KRÄUTERLIKÖR werden verschiedene Kräuter benötigt. Achten Sie darauf, dass sie gereinigt und gut getrocknet sind.

[b] UM IHR AROMA schnell zu entfalten, werden die Kräuter gemörsert. Besonders wichtig ist das Mörsern von Früchten wie Koriander oder Kümmel.

[c] DIE GEMÖRSERTEN Kräuter und Gewürze werden durch einen Trichter in eine saubere Flasche gefüllt.

[a]

[b]

[c]

NACH DREI BIS VIER WOCHEN ABFILTRIEREN.

[d]

[e]

[f]

[d] WENN DER LIKÖRANSATZ fertig gezogen ist, wird er abfiltriert. Dazu benötigen Sie eine weitere saubere Flasche, einen Trichter und ein Teesieb aus Papier.

[e] DER ANSATZ wird langsam und vorsichtig durch den Filter gegossen. Dann heißt es warten, bis der Filter ausgetropft ist. Ganz zum Schluss wird der Filter mit dem Löffel etwas ausgedrückt.

[f] IN DEKORATIVE FLASCHEN gefüllt, ist selbst angesetzter Kräuterlikör ein sehr individuelles Geschenk.

KRÄUTER IN ALKOHOL

Wein, Schnaps & Likör

Eingelegt in Alkohol, entfalten Kräuter ihre heilsame Wirkung besonders gut. Schon aus der Antike kennen wir Rezepte von Würzweinen mit Kräutern und später, in den Klöstern des Mittelalters, wurden Kräuterliköre und Magenbitter gebraut.

ALKOHOLISCHE AUSZÜGE

Viele Kräuter können in Alkohol eingelegt und für medizinische Zwecke verwendet werden – als Kräutertinkturen, -likören und Magenbitter. Kümmelsamen, Fenchelsamen, Engelwurzwurzeln, Liebstöckelwurzeln oder auch Minzeblätter oder Kräutermischungen sind dafür prima geeignet [→a].
Füllen Sie die getrockneten und im Mörser zerriebenen Kräuter und Gewürze [→b] in Flaschen und übergießen Sie sie mit Alkohol mit wenigstens 40 % Vol. [→c]. Am besten ist neutral schmeckender Schnaps wie Wodka oder Doppelkorn geeignet. Die Kräuter in der Flasche müssen mit Schnaps bedeckt sein und die Flaschen werden gut verschlossen. Der Ansatz wird an einem warmen Ort aufbewahrt und gelegentlich gewendet. Nach etwa drei bis vier Wochen ist der Ansatz gut durchgezogen und wird durch ein sauberes Tuch oder einen Teefilter abfiltriert [→d]. Anschließend wird die hochprozentige Essenz in Flaschen abgefüllt und dunkel und kühl gelagert.
Alkoholauszüge sind sehr wirkungsvoll und dürfen nur in kleinen Mengen eingenommen werden. Gibt es Zweifel an der Verträglichkeit, muss vor der Einnahme unbedingt ein Arzt konsultiert werden.

VERDAUUNGSSCHNAPS
Zutaten
je 1 TL Pfefferminze, Salbei, Fenchel-, Anis-, Kümmelsamen
½ TL Koriandersamen
750 ml Korn

Die getrockneten Kräuter und Samen im Mörser zerreiben und in eine Flasche füllen. Mit Korn auffüllen, verkorken und drei Wochen an der Sonne stehen lassen. Danach filtern und in eine saubere Flasche abfüllen. Die Kräutertinktur wird in geringen Mengen getrunken und fördert die Verdauung.

MELISSENLIKÖR AUS OMAS KRÄUTERKÜCHE
Zutaten
200 g frische Blätter der Zitronen-Melisse
1 kg Zucker
½ l Wasser
1 l Alkohol (40 %)

Die Blätter der Zitronen-Melisse werden in eine große Schüssel gegeben. Das Wasser wird mit dem Zucker aufgekocht und wieder abgekühlt. Das kalt gewordene Zuckerwasser wird über die Melissenblätter gegossen und muss anschließend abgedeckt zwei Tage ziehen. Dann wird der Sud mit dem Alkohol aufgegossen, mit den Blättern in Flaschen gefüllt und muss dort noch etwa sechs Wochen ziehen. Der fertige Likör wird abgesiebt und in saubere Flaschen umgefüllt. Melissenlikör wirkt beruhigend und wohltuend für den Magen.

KRÄUTERWEIN
Kräuterweine haben ähnliche Eigenschaften wie Tinkturen. Sie sind allerdings wesentlich milder im Geschmack. Für die Herstellung werden frische oder getrocknete Kräuter einige Tage lang in Wein eingelegt. Anschließend wird der Sud abgesiebt und in saubere Flaschen abgefüllt [→f]. Zur Konservierung kann etwas Korn hinzugegeben werden.

[a]

[b]

[c]

DAS IST *wirklich* WICHTIG

[a] FÜR EIN KRÄUTERPESTO benötigen Sie frische Kräuter, Olivenöl, Pinienkerne oder andere Nüsse, Parmesan, Salz, Pfeffer und etwas Zitrone. Mit einem scharfen Messer oder Wiegemesser, einem Brettchen, einem Mörser oder Mixer und einer kleinen Schüssel sind Sie perfekt ausgestattet.

[b] DIE GEWASCHENEN, ABGETROCKNETEN KRÄUTER werden von ihren Stielen befreit und sorgfältig zerkleinert.

[c] DIE GEHACKTEN KRÄUTER werden im Mörser gestampft, bis sie die gewünschte Konsistenz erhalten. Dies ist auch die beste Gelegenheit, verschiedene Kräuter miteinander zu mischen.

[d] DIE KRÄUTERMASSE wird in einer Schüssel mit Parmesan, Olivenöl, Salz und Pfeffer verrührt. Hinzu kommen die ebenfalls gehackten und gemörserten Pinienkerne oder Nüsse. Abschmecken, fertig!

[e] PESTO WIRD KALT SERVIERT und schmeckt besonders gut zu frischen Spaghetti. Dekoriert wird mit Basilikum und zur Abrundung des Geschmacks gibt es noch geriebenen Parmesan zum Darüberstreuen.

[f] BLEIBT ETWAS ÜBRIG, wird der Rest Pesto in ein verschließbares Glas gefüllt, mit etwas Olivenöl abgedeckt und kommt in den Kühlschrank. Dort kann es mehrere Tage aufbewahrt werden.

GUT VERMISCHEN, BIS EINE CREMIGE PASTE ENTSTEHT

[d]

[e]

KRÄUTERPESTO
Wie in Italien

Pesto steht für die Genialität der italienischen Kochkunst. Ein frisches Kräuterpesto – zum Beispiel aus Basilikum oder Bärlauch – macht aus jedem einfachen Nudelgericht eine wahre Delikatesse.

SCHNELL & GUT

Ein Pesto aus frischen Kräutern ist immer ein großartiges Gericht. Es ist schnell zubereitet, sehr lecker und gesund. Für ein Pesto kann man viele Kräuter verwenden, probieren Sie es einfach aus. Im Sommer ist sicherlich Basilikum der Favorit, doch auch Schnittlauch, Rucola oder Petersilie eignen sich gut. Pesto schmeckt am besten frisch zubereitet.

BASISREZEPT PESTO

Zutaten

250 g Kräuter
500 ml Olivenöl
150 g Pinienkerne
150 g Parmesan
Salz und Pfeffer
Pfeffer
Zitronensaft

Die Kräuter werden gewaschen und ohne Stiele zerkleinert. Die Pinienkerne oder andere Nüsse werden fein gehackt und dann roh oder vorsichtig geröstet mit den grob zerkleinerten Kräutern und fein geriebenem Parmesan in einer Schüssel oder einem Mixer vorsichtig püriert. Beim Pürieren wird

Olivenöl zugegeben, bis eine cremige Paste entsteht. Abgeschmeckt wird mit ein wenig Salz, Pfeffer und eventuell etwas Zitronensaft. Knoblauchfans können auch noch etwas Knoblauch pressen und untermischen.

Das Pesto wird am besten frisch zu Nudeln serviert und sofort verzehrt – oder in verschließbare Gläser gefüllt. Es ist im Kühlschrank mehrere Tage haltbar, wenn es mit einer dünnen Schicht Olivenöl bedeckt wurde.

DAZU PASST PESTO

Der Geschmack des Pestos hängt von den ausgewählten Kräutern und anderen Zutaten ab. Der eine mag es klassisch mit Basilikum und Pinienkernen, der andere experimentiert gern mit verschiedenen Kräutern, Knoblauch und Nüssen. Cashew-Kerne lassen sich besonders leicht vermörsern und schmecken eher fein, Walnüsse und Kürbiskerne haben ein intensiveres Aroma. Alles ist möglich!

Pesto schmeckt lecker zu Pasta oder einfach als Brotaufstrich. Außerdem ist es ein schmackhafter Fleischdip und passt sehr gut zu Tomaten. Oder haben Sie es schon mal als Gewürz probiert? Eine Soße oder ein Dressing, gewürzt mit Pesto, ist ein wahrer Traum.

FRÜHLINGSPESTO: Im Frühling können auch Wildkräuter im Wald, auf Wiesen und an Bachrändern gesammelt und zu einem grünen Farbfeuerwerk verarbeitet werden – Bärlauch, Brunnenkresse, Giersch, Gundermann oder Knoblauchsrauke sind eine perfekte Mischung, natürlich können sie auch mit den Klassikern aus dem Garten kombiniert werden. Der Fantasie sind keine Grenzen gesetzt.

[a] KRÄUTERTEES sind fast immer Mischungen. Die Kräuter werden gesammelt, getrocknet, einzeln aufbewahrt und dann gemischt.

[b] MISCHEN UND FÜLLEN SIE gleich eine größere Menge Tee ab. Dann geht die Zubereitung später schneller. Für die Aufbewahrung sind Gläser, Papiertüten oder Blechdosen geeignet. Die Gefäße sollten nicht ganz luftdicht schließen.

[c] HAUSTEEMISCHUNG aus Blättern von Erdbeere, Pfefferminze und Zitronenverbene sowie Blüten der Ringelblume.

[d] DER TEE WIRD IN EINER KANNE mit kochendem Wasser übergossen. Das Aroma ist besonders intensiv, wenn er fünf bis zehn Minuten abgedeckt ziehen kann.

TEES NIE GANZ LUFTDICHT VERPACKEN

[a]

[b]

[c]

[d]

KRÄUTERTEE

Frisch aufgebrüht

Kräuter können vielfältig verwendet werden, doch ihre beste Wirkung erzielen sie als Tee. Über viele Jahrhunderte haben sich zahlreiche Teerezepturen angesammelt. Hier finden Sie eine kleine Auswahl.

DIE RICHTIGE ZUBEREITUNG

Ein Teeaufguss kann aus frischen oder getrockneten Pflanzenteilen zubereitet werden. Die Mengenangaben aller Teerezepte beziehen sich, sofern nicht anders vermerkt, immer auf getrocknete Pflanzenteile. Werden stattdessen frische Pflanzen verwendet, so ist die vorgeschriebene Menge in der Regel zu verdreifachen.
Frische oder getrocknete Kräuter, zum Beispiel 2 gestrichene Esslöffel getrocknete Kräuter auf 1 Liter Wasser, werden in eine saubere Teekanne gegeben und mit kochendem Wasser überbrüht, Dabei werden den Kräutern schwer wasserlösliche Substanzen entzogen. Der Aufguss wird umgerührt, abgedeckt und nach zehn Minuten abgesiebt.

DIE HEILKRAFT DER TEES

Ein Teeaufguss kann warm getrunken werden oder wird für Umschläge auch äußerlich angewendet. Heilende Tees wirken langsam und dürfen nie über einen sehr langen Zeitraum getrunken werden. Außerdem sind Kräutertees nicht immer frei von Nebenwirkungen. Sind Sie sich nicht wirklich sicher, fragen Sie bitte immer Ihren Arzt. Die aufgeführten Kräuterteerezepturen sind lange erprobt. Zutaten, die Sie nicht im Garten ernten können, erhalten Sie in der Apotheke.

ERFRISCHENDE HAUSTEEMISCHUNG [→ c.]

20 Teile Erdbeerblätter
20 Teile Pfefferminzblätter
20 Teile Zitronenverbeneblätter
10 Teile Ringelblumenblütenblätter

HUSTENTEE

Bei Anzeichen von Bronchitis sowie Katarrhen der oberen Luftwege.
30 Teile Thymian
25 Teile Eibischwurzel
20 Teile Spitzwegerichkraut
15 Teile Fenchelsamen
10 Teile Süßholzwurzel

ERKÄLTUNGSTEE

Für Schwitzkuren bei fieberhaften Erkältungskrankheiten.
30 Teile Holunderblüten
30 Teile Lindenblüten
20 Teile Hagebuttenschalen
20 Teile Mädesüßblüten

BERUHIGUNGSTEE

Bei nervösen Erregungszuständen und Einschlafstörungen.
40 Teile Baldrianwurzel
20 Teile Hopfenzapfen
15 Teile Melissenblätter
15 Teile Pfefferminzblätter
10 Teile Pomeranzenschale

MAGEN- UND DARMTEE

Bei Beschwerden wie Völlegefühl, Blähungen, leichten krampfartigen Magen-Darm-Störungen und nervösen Herz-Magen-Beschwerden.
25 Teile Baldrianwurzel
25 Teile Kümmel
25 Teile Pfefferminzblätter
25 Teile Kamillenblüten

[1.]

TEEKRÄUTER

Frischer Genuss

Bei vielen Kräutern steht die Anwendung als Tee im Mittelpunkt. In heißem Wasser werden die Aromen der Kräuter gelöst und so nutzbar gemacht für uns – zur Erfrischung oder als Heiltee.

[2.]

[3.]

ECHTE SCHLÜSSELBLUME [1.]
Primula veris
Wuchs: mehrjährig, rosettig mit aufrechten, bis 30 cm hohen Blütentrieben
Blatt: länglich-eiförmig, abgerundet, gezähnt, runzelig
Blüte: März/April in hellgelben Dolden
Standort: sonnig bis halbschattig; nährstoffreiche, etwas lehmige, durchlässige, frische bis feuchte Böden
Pflege: gedeiht am besten als Bodendecker unter Sträuchern, Pflanzabstand 20 × 20 cm, neigt zum Verwildern
Vermehrung: Aussaat im Herbst oder Frühling (Lichtkeimer) oder Teilung des Wurzelstocks
Ernte: Blätter und Blüten zur Blütezeit sammeln und frisch verwenden, Wurzelstöcke im Herbst ausgraben und trocknen
Verwendung: die Volksheilkunde nutzt getrocknete Blätter, Blüten und Wurzelstöcke als Tee gegen Husten; frische Blätter können Salaten oder Frühlingssuppen beigemengt werden, frische Blüten werden zur Herstellung von Likör verwendet

WALD-ERDBEERE [2.]
Fragaria vesca
Wuchs: mehrjährig, grundständige Blattrosette, Ausläufer treibend, bis 25 cm hoch

Blatt: wintergrün, dreizählig, grob gezähnt, unterseits grauweiß behaart
Blüte: Mai und Juni, weiße Trugdolden
Standort: sonnig bis halbschattig; nährstoffreiche, frische bis feuchte Böden
Pflege: Pflanzabstand 25 × 25 cm, gelegentlich gießen und düngen, zu stark wuchernde Ausläufer entfernen
Vermehrung: im Sommer über Ausläufer, alternativ können die Mutterpflanzen im Herbst geteilt werden
Ernte: im Frühjahr junge Blätter, im Sommer reife Früchte
Verwendung: Erdbeerblätter und getrocknete Früchte sind Bestandteil von Hausteemischungen, die Volksmedizin verwendet Erdbeerblätter als Tee bei leichten Durchfällen und zum Gurgeln bei Entzündungen im Mund- und Rachenraum; die Früchte werden frisch gegessen oder für Süßspeisen und Getränke verwendet

WILDE MALVE [3.]
Malva sylvestris
Wuchs: zweijährig, straff aufrecht und stark verzweigt, bis 120 cm hoch
Blatt: handförmig gelappt, unten behaart
Blüte: Juni bis September, violettrosa, dunkel gestreift, achselständig

Standort: sonnig; gut durchlässige, nahrhafte, kalkhaltige Böden
Pflege: Aussaat auf der Fensterbank im Frühjahr, auf 30 × 30 cm Pflanzabstand im Beet vereinzeln, gelegentlich gießen und düngen, auf Malvenrost achten
Vermehrung: Aussaat im Frühjahr, wegen der unregelmäßigen Keimung ist die Voranzucht sinnvoll
Ernte: junge Blätter bei Bedarf im Frühjahr, im Sommer einzelne Blüten oder das ganze Kraut schneiden und trocknen
Verwendung: junge Blätter als Beigabe zu Salat oder Gemüse; Blüten, seltener Blätter werden als Tee oder als Kaltauszug bei Entzündungen der oberen Luftwege, bei Schleimhautzündungen in Magen und Darm und bei Schleimhautreizungen im Mund- und Rachenraum angewendet

ZITRONEN-MELISSE [4.]
Melissa officinalis
Wuchs: mehrjährig, dichtbuschig und verzweigt, bis 100 cm hoch
Blatt: eiförmig, gleichmäßig gezähnt
Blüte: Juni bis August, rosa-weiß
Standort: sonnig; gut durchlässige, nahrhafte, frische Böden
Pflege: Pflanzabstand 30 × 30 cm, wenig gießen, gelegentlich düngen, Fruchtstände rechtzeitig abschneiden, um Selbstaussaat zu vermeiden, Rückschnitt im Frühjahr oder Herbst
Vermehrung: Aussaat im Frühjahr (Lichtkeimer), Stecklinge im Sommer oder Teilung des Wurzelstocks im Herbst
Ernte: vor der Blüte junge Blätter und Triebspitzen bei Bedarf ernten und frisch verwenden, ältere Blätter werden hart und schmecken bitter, beim Trocknen des Krautes geht ein großer Teil des Zitronenaromas verloren
Verwendung: frische Blätter verbessern den Geschmack von Salaten, Soßen, Süßspeisen und Fischgerichten; getrocknete Melisse ist Bestandteil von Schlaf- und Nerventees und Rohstoff zur Herstellung von Melissengeist

INDIANERNESSEL [5.]
Monarda didyma
Wuchs: mehrjährig, horstig, mit aufrechten Blütenstielen, 90 bis 110 cm hoch
Blatt: lanzettlich, Blattrand gesägt
Blüte: Juli bis September, hellrote Lippenblüten in endständigen Quirlen, auch rosa-, rot- und purpurfarbene Sorten erhältlich
Standort: sonnig bis halbschattig; frische bis feuchte, humose Böden mit hohem Nährstoffgehalt
Pflege: Pflanzabstand 30 × 30 cm, im Herbst zurückschneiden und alle vier Jahre umpflanzen, auf Falschen Mehltau achten!
Vermehrung: Aussaat, Stecklinge oder Wurzelteilung
Ernte: frische Blätter bei Bedarf, blühende Pflanzenteile im Sommer
Verwendung: Tee aus getrockneten Pflanzenteilen soll bei Appetitlosigkeit, Verdauungsstörungen und Menstruationsbeschwerden helfen (Wirkung ist bisher wenig untersucht); die essbaren Blüten sind Bestandteil von Salaten, frische Blätter und Blüten garnieren Desserts

ZITRONENVERBENE [6.]
Aloysia triphylla
Wuchs: mehrjähriger, frostempfindlicher Strauch, aufrecht, im großen Topf bis 150 cm hoch
Blatt: schmal-lanzettlich, zitronig duftend
Blüte: August, kleine, weiße Blütenrispen, duftend
Standort: sonnig, windgeschützt; nährstoffreiches, humoses Substrat
Pflege: wächst bei uns nur als Kübelpflanze, hell und kühl überwintern, im Frühjahr stark zurückschneiden, im Sommer gleichmäßig feucht halten, regelmäßig düngen
Vermehrung: Stecklinge oder Absenker im Sommer
Ernte: Blätter und Blüten während des ganzen Sommers
Verwendung: frische oder getrocknete Blätter und Blüten als Erfrischungs- und Entspannungstee oder zum Aromatisieren von Getränken, Süßspeisen und Gebäck

[4.]

[5.]

[6.]

[1.]

[2.]

[3.]

MINZEN

Erfrischende Vielfalt

Wohl kaum ein Kraut gibt es in so vielen Arten und Sorten wie die Minze. Es ist unglaublich, wie intensiv dieses aromatische Kraut duftet, wie viele unterschiedliche Geschmacksnoten es gibt und wie vielseitig man es verwenden kann.

MINZE

Mentha spec.

Wuchs: mehrjährig, dichtbuschig, Ausläufer treibend, 60 bis 80 cm hoch

Blatt: eiförmig bis elliptisch, dunkelgrün, teilweise rötlich überlaufen

Blüte: Juli und August, rosa bis violett

Standort: sonnig bis halbschattig; nahrhafte, feuchte Böden.

Pflege: Pflanzabstand 30 × 30 cm, regelmäßig gießen und düngen, Wurzeln gelegentlich reduzieren und/oder Rhizomsperre einbauen, alternativ Topfkultur, einige Sorten brauchen Winterschutz

Vermehrung: viele der im Handel erhältlichen Formen sind steril und können nur durch Stecklinge oder Ausläufer vermehrt werden

Ernte: junge Blätter und Triebe werden bei Bedarf geerntet, zum Anlegen von Vorräten werden ganze oberirdische Pflanzenteile kurz vor der Blüte geschnitten, gebündelt und getrocknet

Verwendung: frische Minzblätter werden je nach Art oder Sorte in der Küche vor allem zum Würzen von Soßen, aber auch für Süßspeisen verwendet; Pfefferminztee ist ein beliebtes Hausmittel gegen Krämpfe, Blähungen und Verdauungsbeschwerden; das ätherische Öl mentholhaltiger Minzen wird zur Inhalation bei Erkältungskrankheiten und zum Aromatisieren von Mundwässern, Zahncremes und Kaugummi (Spearmint) verwendet – es hilft auch als schmerzlindernde Einreibung bei rheumatischen Beschwerden, Juckreiz, Kopfschmerzen und Erkältungskrankheiten.

Vorsicht: Pfefferminzöl löst in seltenen Fällen allergische Reaktionen aus!

DUNKLE SPEARMINT [1.]

Mentha spicata

Wuchs: dichtbuschig, 40 bis 90 cm hoch

Blatt: grün, rötlich überlaufen, schmalelliptisch bis eiförmig, gesägt, zugespitzt

Standort: halbschattig, warm; trockene Hitze ist eher schädlich

Verwendung: wird wegen ihres intensiven Aromas zur Zubereitung von Desserts, Tees und Likören verwendet

WHITE PEPPERMINT [2.]

Mentha spec.

Wuchs: dichtbuschig, wüchsig, robust, 40 bis 80 cm hoch

Blatt: grün, elliptisch bis eiförmig, gesägt, zugespitzt

Verwendung: wegen ihres intensiven Aromas gut als Gewürz von Fleischgerichten, Salaten und Gemüse geeignet

ORANGEN-MINZE [3.]
Mentha × piperita var. *citrata*
Wuchs: dichtbuschig, vital, 30 bis 80 cm hoch, neigt zum Wuchern
Blatt: grün, elliptisch bis eiförmig, wenig gesägt, abgerundet, rau
Verwendung: ihr feines fruchtiges Aroma entfaltet sich am besten in durstlöschenden Tees

EAU DE COLOGNE [4.]
Mentha × piperita var. *citrata*
Wuchs: dichtbuschig, wüchsig, gut frosthart, 40 bis 80 cm hoch
Blatt: grün, elliptisch bis eiförmig, wenig gesägt, abgerundet, rau
Verwendung: wegen des lavendelartigen Aromas bestens zur Herstellung von Kräuterbädern geeignet

SCHOKO-MINZE [5.]
Mentha × piperita var. *piperita*
Wuchs: dichtbuschig, wüchsig, gut frosthart, 30 bis 60 cm hoch
Blatt: dunkelgrün, rötlich überlaufen, elliptisch bis eiförmig, gesägt, zugespitzt
Verwendung: eignet sich wegen ihres süßlichen Aromas besonders zur Herstellung von Süßspeisen und Eis

ENGLISCHE GRÜNE MINZE [6.]
Mentha spicata
Wuchs: dichtbuschig, sehr wüchsig, neigt zum Wuchern, frosthart, 40 bis 80 cm hoch
Blatt: grün, elliptisch bis eiförmig, gesägt, zugespitzt, runzelig
Verwendung: wird gern zum Würzen von Lammgerichten und Gemüse verwendet

KLEINES MINZE-SORTIMENT

Sortenname	Botanischer Name	Verwendung
Apfel-Minze	*Mentha × rotunifolia* 'Bowles'	zur Herstellung von Obstsalaten, Desserts und Tees; fruchtiges, liebliches, mildes Aroma
Basilmint	*Mentha* spec.	Salatwürze, Geschmack würzig, leicht pfeffrig, minzig
Bergamotte-Minze	*Mentha × piperita* var. *citrata*	zur Mischung mit Schwarztees, Aroma erinnert an Earl-Grey-Tee
Black Spearmint	*Mentha spicata*	zur Herstellung von Desserts, Tees und Likören, intensives Kaugummi-Aroma
Hillary's Sweet Lemon	*Mentha × piperita* var. *citrata*	zur Herstellung von Desserts und Drinks; mildes, süßes Aroma
Ingwer-Minze	*Mentha × gracilis*	zum Garnieren von Desserts; aromatisch, würzig
Krause Minze	*Mentha spicata* var. *crispa*	für Tee, zur Gewinnung ätherischer Öle, intensives Aroma
Lavendel	*Mentha* spec.	zur Herstellung von Desserts und Erkältungsbädern, mild-fruchtiges Aroma
Lemon	*Mentha × piperita* var. *citrata*	zur Herstellung von Desserts und Mixgetränken, säuerlich-fruchtiges Aroma
Marokkanische Minze	*Mentha spicata*	für Tee; süßes, kühlendes, erfrischendes Aroma
Multimentha	*Mentha* spec.	zur Herstellung von Tees, kräftiges Aroma
Nemorosa	*Mentha* spec.	frische Blätter als Zugabe zu Longdrinks, intensives Aroma
Proserpina	*Mentha × piperita* var. *piperita*	zur Herstellung von Tees, ertragreich, intensives Aroma
Russische Minze	*Mentha* spec.	zur Herstellung von Tees; scharfes, intensives Aroma
Thai Bai Saranae	*Mentha* spec.	Gewürz für asiatische Fleischgerichte, stark-aromatisches Aroma mit Menthol

[4.]

[5.]

[6.]

SERVICE

Hier erhalten Sie nützliche Adressen, die Ihnen bei Fragen rund um den Kräutergarten weiterhelfen, sowie Bezugsquellen für Pflanzen, vom klassischen Sortiment bis zu Raritäten. Die Sortierung der Adressen erfolgt nach Postleitzahlen.

STAATLICHE BODEN UNTERSUCHUNGSINSTITUTE

Bei den folgenden Instituten erhalten Sie Beratung zur Analyse Ihrer Bodenproben und können Ihre Gartenproben untersuchen lassen. LUFA = Landwirtschaftliche Untersuchungs- und Forschungsanstalten

LUFA Rostock der LMS
Graf-Lippe-Str. 1
18059 Rostock
Tel.: 03 81 / 2 03 07 - 0
www.lms-lufa.de

LUFA Nord-West
Jägerstr. 23–27
26121 Oldenburg
Tel.: 04 41 / 80 18 21
www.lufa-nord-west.de

LUFA NRW
Landwirtschaftskammer Nordrhein-Westfalen
Nevinghoff 40
48147 Münster
Tel.: 02 51 / 23 76 - 0
www.lwk-nrw.de/lufa

LUFA Speyer
Obere Langgasse 40
67346 Speyer
Tel.: 0 62 32 / 1 36 - 0
www.lufa-speyer.de

**Technische Universität München
Zentralinstitut für Ernährungs- und Lebensmittelforschung (ZIEL)**
Bioanalytik
Weihenstephaner Berg 1
85350 Freising-Weihenstephan
Tel.: 0 81 61 / 71 - 0
www.wzw.tum.de/ziel/

Höhere Bundeslehr- und Forschungsanstalt für Gartenbau Schönbrunn (HBLFA)
Grünbergstr. 24
A-1130 Wien / Schönbrunn
Tel.: + 43 (0) 18 13 / 59 50 - 0
www.hblagart.bmll.gv.at

KRÄUTERGÄRTNEREIEN

Kräuter- und Staudengärtnerei Mann
Schönbacherstr. 25
02708 Lawalde
Tel.: 0 35 85 / 40 37 38
www.staudenmann.de
www.pflanzenreich.com

→ Große Vielfalt an Kräutern und Stauden. Über 600 verschiedene Duft-, Gewürz- und Heilkräuter sowie 2 500 verschiedene Gartenpflanzen aus eigener Produktion.

Gärtnerei helenion
Kleine Straße 2a
17291 Grünow
Tel.: 03 98 57 / 3 98 59
www.helenion.de

→ 700 Kräuter, Heil-, Tee-, Duft- und Würzpflanzen, Rezepte, Online-Shop.

Die Kräuterei
Silvia Heinrich
Alexanderstr. 29
26121 Oldenburg
Tel.: 04 41 / 88 23 68
www.kraeuterei.de

→ Bioland-Gärtnerei mit großer Palette an Gewürz-, Duft-, Heil- und Teekräutern, über 400 Arten und Sorten, Schwerpunkt Duftpelargonien, Online-Shop.

Rühlemann's Kräuter & Duftpflanzen
Auf dem Berg 2
27367 Horstedt
Tel.: 0 42 88 / 92 85 58
www.ruehlemanns.de

→ 1 300 Kräuterarten und -sorten, Online-Shop, Gestaltungstipps und Seminare.

Herb's
Herbert Vinken
Stedinger Weg 16
27801 Dötlingen OT Nuttel
Tel.: 0 44 07 / 9 60 03
www.herb-s.de

→ Bioland-Kräutergärtnerei und Pflanzenversand, Gartenschule, Online-Shop.

Duft- und Wandelgärtnerei Schoebel
Hindenburgplatz 3
29468 Bergen
Tel.: 0 58 45 / 2 37
www.gaertnerei-schoebel.de

→ Gärtnerei mit Kräutern, Heilpflanzen und Stauden, Online-Shop.

Kräuterey Lützel
Im Stillen Winkel 5
57271 Hilchenbach-Lützel
Tel.: 0 27 33 / 38 46
www.kraeuterey.de

→ Bioland-Gärtnerei mit Online-Shop: Pflanzen und Saatgut, Handwerkszeug.

Syringa
Duftpflanzen und Kräuter
Dipl.-Biol. Bernd Dittrich
Bachstraße 7
78247 Hilzingen-Binningen
Tel.: 0 77 39 / 14 52
www.syringa-samen.de

→ Bio-Gärtnerei mit Duftpflanzen, Duftsträuchern, Kräutern, Blumenwiesen, Blumenzwiebeln, Gemüse. Gartentipps, Schaugarten, Veranstaltungen, Online-Shop.

Hof Berg-Garten
Lindenweg 17
79737 Großherrischwand
Tel.: 0 77 64 / 2 39
www.hof-berggarten.de

→ Bioland-Gärtnerei, Küchen- und Heilkräuter, Duftpflanzen, Stauden und Sämereien für naturnahe Gärten, Schaugarten, Online-Shop.

Blumenschule
Rainer Engler
Augsburger Str. 62
86956 Schongau
Tel.: 0 88 61 / 73 73
www.blumenschule.de

→ Naturland-Gärtnerei mit Duft- und Teepflanzen, Heilpflanzen, Kräutern und Gewürzen, Räucherpflanzen, Blatt- und Blütenstauden, Gemüse und Wildobst, Saatgut. Pflanzenpflege, Zubehör, Veranstaltungen, Seminare, Online-Shop.

Artemisia
Allgäuer Kräutergarten
Hopfen 29
88167 Stiefenhofen im Allgäu
Tel.: 0 83 86/96 05 10
www.artemisia.de
→ Bio-Gärtnerei mit über 300 Kräutern, Laden und Teestube.

Staudengärtnerei Gaissmayer
Dieter Gaissmayer
Jungviehweide 3
89257 Illertissen
Tel.: 0 73 03 / 72 58
www.staudengaissmayer.de

→ Bioland-Gärtnerei mit über 3000 Arten und Sorten von Stauden, Kräutern, Duftpflanzen, Raritäten. Pflanzenpakete, die nach Farbe, Duft und Gestalt abgestimmt sind.

Raritätengärtnerei Treml
Eckerstr. 32
93471 Arnbruck
Tel.: 0 99 45 / 90 51 00
www.pflanzentreml.de

→ Bio-Gärtnerei mit großem Kräutersortiment, viele Besonderheiten und Raritäten, Gemüse (alte Sorten, v.a. Tomaten), Beerenobst, Tees.

KRÄUTERGÄRTEN
Stiftung Kloster und Kaiserpfalz Memleben
Thomas-Müntzer-Str. 48
06642 Memleben
Tel.: 03 46 72 / 3 0 2 74
www.kloster-memleben.de

Arzneipflanzengarten des Botanischen Gartens Berlin-Dahlem
Botanischer Garten
Unter den Eichen / Königin-Luise-Platz
14191 Berlin
Tel.: 0 30 / 83 85 01 00
www.bgbm.fu-berlin.de/bgbm/garden/Bereiche/bereiche/az.htm

Heilpflanzengarten in Celle
Grünflächenamt der Stadt Celle
Wittinger Straße 76
29223 Celle
Tel.: 0 51 41 / 20 81 73
www.celle-tourismus.de

Heil- und Giftpflanzengarten der Tierärztlichen Hochschule Hannover
Bünteweg 17 D
30559 Hannover

Benediktinerinnenabtei zur Hl. Maria
Nonnengasse 16
36037 Fulda
Tel.: 06 61 / 9 02 45 – 0
www.abtei-fulda.de

Klostergarten Riddagshausen
Klostergang 57
38104 Braunschweig
Tel.: 05 31 / 37 29 00
www.klosterkirche-riddagshausen.de

Arzneipflanzengarten der TU Braunschweig
Institut für Pharmazeutische Biologie
Mendelssohnstraße 1
38106 Braunschweig
www.arzneipflanzengarten.de

Kräutergarten am Kaiserdom
Vor dem Kaiserdom
38154 Königslutter am Elm
Tel.: 0 53 53 / 91 22 02
www.koenigslutter-kaiserdom.de

Klostergarten der Stiftung Kloster Michaelstein
Michaelstein 3
38889 Blankenburg (Harz)
Tel.: 0 39 44 / 90 30 15
www.kloster-michaelstein.de

Karlsgarten in Aachen
Aachener Capitulare-Gärten
Melatener Str. 30
52056 Aachen
www.biozac.de

Heil- und Giftpflanzenabteilung des Botanischen Gartens der Universität Ulm
Hans-Krebs-Weg
89069 Ulm
Tel.: 07 31 / 50 – 3 13 51
www.uni-ulm.de/einrichtungen/garten.html

Arzneipflanzen-Abteilung des Botanischen Gartens Würzburg
Julius-von-Sachs-Platz 4
97082 Würzburg
Tel.: 09 31 / 3 18 62 40
www.bgw.uni-wuerzburg.de

Thüringer Heilkräuterpflanzung
im Rennsteingarten Oberhof
Botanischer Garten für Gebirgsflora
Am Pfanntalskopf 3
98559 Oberhof
Tel.: 03 68 42 / 2 22 45
www.rennsteiggartenoberhof.de

REGISTER

DIE AKTEURE

DER AUTOR

Burkhard Bohne ist Gärtnermeister und hat sich vor mehr als 20 Jahren auf Kräuter spezialisiert. Neben seinem Hauptarbeitsplatz, dem Arzneipflanzengarten der Technischen Universität Braunschweig, entwickelt, plant und betreut er Gartenprojekte, am liebsten natürlich Kräutergärten. Auf diese Weise sind schon einige Kloster-, Schloss- und Apothekergärten entstanden. Seine Gartenprojekte stoßen immer auf ein großes Echo und so sind nach und nach Bücher, Fernsehsendungen und auch eine Kräuterschule entstanden.

DIE FOTOGRAFIN

Kerstin Mumm fotografiert seit ihrer Kindheit. Ebenso interessiert sie sich seitdem für alles, was blüht und wächst. Ihr Arbeitsschwerpunkt liegt bei der Porträtfotografie, die immer draußen stattfindet: in der Natur und im Wechsel der Jahreszeiten. Mit ihrem Partner und der gemeinsamen Tochter lebt und arbeitet sie in Braunschweig (Foto ©Zana Jozeljic).

AROMA UND GENUSS

Burkhard Bohne
Kräuter
256 S., 723 Abb., €/D 29,90

Wer jenseits von Rosmarin und Petersilie Kräuter sucht, die bei uns erhältlich sind und im Garten, Topf oder unter Glas gedeihen, hält mit diesem Buch einen wahren Schatz in den Händen! Angefangen bei der optimalen Gestaltung eines eigenen Kräutergartens, über Anbau, Pflege, Ernte und Verwendung von Küchen- und Heilkräutern bis hin zu über 500 Porträts, zeigt dieses Buch alles, was man über Kräuter wissen muss. Kräuterfans werden ins Schwärmen geraten!

Reinhardt Hess
Garten- & Wildkräuter
144 S., 107 Abb., €/D 14,95

Wildkräuter selbst gesammelt und Gartenkräuter frisch vom Balkon oder aus dem Garten – so bekommt jedes Gericht sein ganz besonderes Aroma. Von zart-duftigen Holunderblütenküchlein bis zur Lammkeule mit kräftig-würziger Kräuterkruste - hier zeigen Kräuter, was sie alles können. Und wer sich den frischen Geschmack gerne das ganze Jahr über bewahren möchte, findet viele Anregungen, wie Kräuter haltbar gemacht werden können.

NATUR TUT GUT

Peter Berg
Biogärtnern
192 S., 388 Abb., €/D 19,99

Welche Voraussetzungen für einen Biogarten bringt mein
Garten schon mit? Wie bekommt mein Boden die richtige
Nahrung und Pflege durch Kompost oder Hacken, Jäten
und Mulchen? Wie mache ich meine Pflanzen widerstandsfähig und was mache ich wann im Garten, vom
Frühjahr bis zum Winter? Dieser Grundkurs begleitet Sie
auf dem Weg zum eigenen Biogarten.

Gabriele Bickel
Geschenke aus meinem Kräutergarten
128 S., 121 Abb., €/D 14,99

Liebevoll selbst gemachte Geschenke sind voll im
Trend – ob kulinarische Genüsse aus der eigenen
Küche oder duftende Wellness-Produkte: Gabriele
Bickel stellt die besten Essige und Öle, Heiltränke
und Liköre, Salben und Badezusätze vor. Wer gerne
etwas ganz Besonderes verschenkt, findet hier Ins-
piration, eine Fülle von Ideen und Rezepten. Einfach
ausprobieren!

BILDNACHWEIS

258 Farbfotos wurden von Kerstin Mumm, Braunschweig für dieses Buch aufgenommen.

Mit 59 weiteren Farbfotos von
Burkhard Bohne, Braunschweig: 72 u., 92 o., 92 u., 93 o., 97 u., 112 (alle drei), 113 Mi., 113 u., 115 o., 124 u.; **Otmar Diez,** Sulzthal: 106 (alle drei), 108 u.re.; **Digitalstock/M.B.:** 15 4. v.li.; **Digitalstock/canny1:** 93 Mi.; **Digitalstock/D.R.:** 80 Mi.re.; **Digitalstock/H.R.:** 15 2. v.li.; **Digitalstock/K.S.:** 15 3. v.li.; **Digitalstock/Wajopi:** 15 5. v.li., 82 Mi.; **Flora Press/BIOSPHOTO:** 110 li.; **Flora Press/Édition Phönix:** 104 u.; **Flora Press/The Garten Collection/Torie Chugg:** 94 o., **Martin Haberor,** Nürtingen, 114 Mi.; **Marianne Majorus Garden Images/Marianne Majerus (Clergy House, Alfriston):** 108 u.re.; **Sibille Viktoria** ~~Miller, Hamburg: 97 Mi., 99 o., 99 Mi.~~ **Reinhard Hartats/Fills Heinhard,** ~~Heiligenroth: 110 u.re.~~; **shutterstock/Budimir Jevtic:** 15 1. v.li.; **shutterstock/picturepartners:** 29 o.re.; **shutterstock/Peter Radacsi:** 114 u.; **shutterstock/Tompet:** 48 Mi.re.; **Annette Timmermann, Kalübbe:** 28 (alle vier), 48 o.li., 48 u.li, 49 (alle drei), 98 (alle vier), 108 Mi.re.; **Andreas Vietmeier,** Münster: 52 u., 52 u., 53 o., 53 Mi., 54 Mi., 54 u., 55 o.; **Bildagentur Waldhäusl/Arco Images/H Reinhard:** 94 u.re.; **Bildagentur Waldhäusl/Arco Images/Gary K. Smith:** 110 Mi.re.

IMPRESSUM

Umschlaggestaltung von Gramisci Editorialdesign, München unter Verwendung eines Farbfotos von Rogge & Jankovic Fotografen, Düsseldorf (Umschlagvorderseite) und zwei Farbfotos von Kerstin Mumm, Braunschweig (Umschlagrückseite und Buchrücken).

Mit 317 Farbfotos.

Alle Angaben in diesem Buch sind sorgfältig geprüft und geben den neuesten Wissensstand bei der Veröffentlichung wieder. Da sich das Wissen aber laufend in rascher Folge weiterentwickelt und vergrößert, muss jeder Anwender prüfen, ob die Angaben nicht durch neuere Erkenntnisse überholt sind. Dazu muss er zum Beispiel Beipackzettel zu Dünge-, Pflanzenschutz- bzw. Pflanzenpflegemitteln lesen und genau befolgen sowie Gebrauchsanweisungen und Gesetze beachten.
Die Blütenfarben sind sortenabhängig, daher können auch Farben auf dem Markt sein, die im Buch nicht genannt werden. Die Blütezeiten sind ebenfalls sortenabhängig, aber auch klima- und standortabhängig. Die angegebenen Wuchshöhen und -breiten der Pflanzen sind Mittelwerte. Sie können je nach Nährstoffgehalt des Bodens variieren. Verschiedene Sorten können deutlich größer oder auch kleiner wachsen als die Art.
In diesem Buch werden Hinweise zur Naturheilkunde gegeben. Nur auf die beschriebenen Arten trifft die angegebene Verwendung zu, ihr Gebrauch setzt daher ihre sichere Kenntnis voraus. Heilpflanzentees sollten immer nur beschränkte Zeit und nicht länger als nötig eingenommen werden, auch Hausteemischungen sollte man öfter wechseln. Behandelt werden dürfen nur leichtere Gesundheitsstörungen, die keiner ärztlichen Behandlung bedürfen. Den Arztbesuch kann dieses Buch auf keinen Fall ersetzen. Auch dürfen verschiedene Kräuter, z. B. Rosmarin, nicht während der Schwangerschaft eingenommen werden.

Unser gesamtes lieferbares Programm und viel
weitere Informationen zu unseren Büchern,
Spielen, Experimentierkästen, DVDs, Autoren und
Aktivitäten finden Sie unter **kosmos.de**

FSC
MIX
Papier aus verantwortungsvollen Quellen
www.fsc.org
FSC® C023164

Gedruckt auf chlorfrei gebleichtem Papier

© 2014, Franckh-Kosmos Verlags-GmbH & Co. KG, Stuttgart.
Alle Rechte vorbehalten
ISBN 978-3-440-13802-1
Projektleitung: Carolin Küßner
Redaktion: Carolin Küßner
Bildredaktion: Carolin Küßner
Gestaltungskonzept: Gramisci, Editorialdesign, München
Gestaltung und Satz: DOPPELPUNKT, Stuttgart
Produktion: Jürgen Bischoff
Printed in Italy / Imprimé en Italie